KB047046

의철학과
의료윤리 연구의
현황과 과제

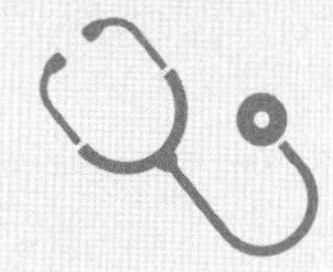

iMH
경희대학교 인문학연구원
HK+통합의료인문학연구단
통합의료인문학
학 술 총 서_05

의철학과 의료윤리 연구의 현황과 과제

김세희 김준혁 김현수 심지원 이은영 조태구 최우석
지음

Philosophy of Medicine and Medical Ethics: Trends and Prospects

도서출판 모시는사람들

머리말

의료는 현대인의 삶을 관통합니다. 현대인은 병원에서 태어나 병원에서 죽고, 살아가는 동안 각종 질병과 장애, 고통의 치료와 완화를 위해 의료의 도움을 받습니다. 과학적 의학을 표방하는 근현대 의학은 인간의 수명 연장과 치료의 면에서 놀라운 성과를 보여 왔지만, 그 과정에서 환자를 질병으로부터 소외시키는 문제를 발생시켰습니다. 이에 따라 의학의 본질과 질병, 건강 개념에 대한 철학적 논의, 의료인의 태도와 생로병사를 둘러싼 문제에 대한 윤리적 논의의 필요성도 점점 커지고 있습니다.

특히 코로나19 팬데믹 사태가 여전히 진행 중인 현재, 질병과 의료는 그 어느 때보다 우리 삶의 중심에 놓여 있습니다. 감염병 등 질병의 본질부터 의료인의 태도, 의료자원 분배 문제에 이르기까지 의학을 둘러싼 철학적·윤리적 논의는 의료계와 학계뿐만 아니라 사회 전반의 관심 주제이자 당면 과제입니다. 이러한 상황에서 의철학과 의료윤리의 연구 성과를 검토하고 새로운 방향을 제시하는 작업이 시의적절하고 의미 있으리라는 생각에서 이 책을 기획하게 되었습니다.

이 책은 의료문학, 의료사, 의철학·의료윤리로 나누어 연구 현황을 살펴보고 미래를 전망하는 작업의 일환이기도 합니다. 경희대학교 인문학연구원 HK+통합의료인문학연구단은 앞서 『의료문학의 현황과 과제』, 『의료사 연구의 현황과 과제』라는 서명으로 의료문학과 의료사 연구를 정리한 총서를 발간했습니다. 이제 『의철학과 의료윤리 연구의 현황과 과제』의 발간으로 기존 연구 성과를 정리하는 작업을 마무리하게 되었습니다.

총서에 실린 여섯 편의 글은 의철학과 의료윤리 연구의 현황과 과제를 지역별(해당 언어권) 및 주제별로 나누어 조사, 분석하고 앞으로의 연구를 전망하는 글들입니다. 「한국 의철학의 건강 개념 연구 동향」(김현수)과 「국내 생명의료윤리 연구의 양적 분석: 1998~2021」(김준혁)은 국내 의철학과 생명의료윤리 연구 현황을 살펴본 글들입니다. 「일본 의철학과 의료윤리 연구 동향(이은영 · 김세희)」은 한국과 인접한 일본의 연구 현황을 살펴본 글이며, 「현대 프랑스 의철학 연구의 두 측면」(조태구)은 프랑스 의철학 연구 현황을 살펴본 글입니다. 그러나 사실상 영미 지역과 유럽 지역은 대부분 영어로 의철학 · 의료윤리를 연구하는 실정이고, 그 내용도 영미권의 연구를 공유하고 있습니다. 따라서 주제별로도 접근하였는데, 「현대 의철학의 현상학적 탐구 동향」(최우석)은 의철학 내 현상학적 연구 동향을 살펴본 글이며, 「생명의료윤리 현황과 과제: 인간 향상 논의를 중심으로」(심지원)는 연구단의 아젠다인 〈4차 산업혁명시대 인간 가치의 정립과 통합의료인문학〉과 관련된 주제로서 '인간 향상' 중심으로 연구 동향을 살펴본 글입니다.

총서에 실린 글들은 학술지 게재 및 학술대회 발표를 통해 엄정한 평가와 수정 · 보완의 과정을 거친 글들입니다. 김현수, 이은영 · 김세희, 조태구, 최우석의 글 네 편은 한국의철학회에서 발간하는 『의철학연구』 제30집(2021년 6월)에 게재되었던 것을 수정 · 보완한 것들입니다. 심사 및 게재를 진행하고 총서에 원고로 사용할 수 있게 허락해 주신 한국의철학회 예병일 회장님, 김준혁 편집이사님, 익명의 심사자 선생님들 및 한국의철학회 회원 여러분들께 감사드립니다. 또한 조태구, 최우석 외에 김준혁, 심지원의 글은 본 연구단 주최의 〈제9차 국내학술대회-의철학과 의료윤리 연구의 현황과 과제〉에서 발표된 것입니다. 학술대회에서 논평을 맡아 주신 공병혜 선생님, 황수영 선생님, 이연희 선생님께도 감사드립니다.

의료문학, 의료사, 의철학 · 의료윤리의 기존 연구 성과를 정리하는 작업을 발판으로 하여 현재 HK+통합의료인문학연구단에서는 문학 · 사학 · 철학 · 의학 연구자들이 함께 생로병사를 연구하고 있습니다. 연구단이 구축해 가는 통합의료인문학과 그 연구의 결실에 대해 독자 여러분의 많은 관심과 성원을 부탁드립니다.

2021년 12월

경희대학교 HK+통합의료인문학연구단

차례

의철학과 의료윤리 연구의 현황과 과제

한국 의철학의 건강 개념 연구 동향*

김현수_ 경희대학교 인문학연구원 HK+통합의료인문학연구단
HK연구교수

* 이 글은 「한국 의철학의 건강 개념 연구 동향」(『의철학연구』 31, 2021)을 수정 · 보완한 것이다.

1. 들어가는 말

서양의학에서 의학과 철학 사이의 긴밀성은 고대 그리스 시대에까지 미친다. 고대 그리스의 자연철학자들은 자연현상을 합리적으로 설명하고자 했다. 고대 그리스의 의사들은 이러한 자연철학의 도움을 받아 철학적 사변에 의지하는 철학적 의학(philosophical medicine)을 태동시켰다.[1] 그들이 의학에 적용한 것은 기원전 6세기에 활동했던 탈레스(Thales, c. 624-546 B.C.), 아낙시만드로스(Anaximandros, c. 610-546 B.C.), 아낙시메네스(Anaximenes, c. 585-525 B.C.) 등과 같은 밀레토스(Miletus) 학파의 우주론적 탐구 그리고 기원전 5세기 후반의 엠페도클레스(Empedocles, c. 490-430 B.C.), 아낙사고라스(Anaxagoras, c. 500-428 B.C.), 레우키포스(Leukippos, fl. 5th century B.C.), 데모크리토스(Democritus, c. 460-370 B.C.) 등이 계승한 자연에 대한 탐구(peri physeōs historia)의 전통이었으며, 특히 우주 전체의 틀 속에서 인간의 형성과 발전에 초점을 맞춘 인간의 본질에 대한 설명이었다.[2] 그뿐만 아니라, 고

1 권상옥(2008b), 5쪽 참조.
2 반덕진 · 신은희(2009), 28쪽 참조.

대 그리스의 자연철학자들이 합리적으로 설명하고자 했던 자연현상 중에는 생명 활동과 관련된 내용도 있었다. 엠페도클레스가 먼저 다루고 아리스토텔레스(Aristotle, 384-322 B.C.)가 그에 대해 다시 비판적으로 검토하면서 다룬 호흡론이 대표적 사례이다.[3] 그러나 이후 히포크라테스(Hippocrates, c. 460~370 B.C.)는 관찰과 경험을 통한 질병의 원인 규명, 원인에서 치료까지의 추론을 더욱 강조하였고 이를 통해 고대 그리스의 의사들과는 다른 길을 열었다.[4] 이 노정 중, 히포크라테스 학파 의사들(Hippocratic physician)은 고대 그리스인들이 신벌에서 찾았던 전염병의 원인을 종교적 · 도덕적 의미의 악기(惡氣)로서 미아스마(miasma)가 아닌 자연 · 물리적 개념으로서 독기(毒氣)나 장기(瘴氣)를 뜻하는 미아스마(miasma)로 보는 데 도달하기도 했다.[5] 그럼에도 의학이 19세기 자연과학의 방법론을 전면적으로 수용하여 과학적 의학(scientific medicine)을 추구하기 전까지 그 길 위에는 여전히 의학에 영향을 끼치는 철학이 서 있었다.[6]

과학적 의학은 의과학(medical science)과 의료 기술(medical technology)의 비약적 발전으로 1940년대부터 1960년대 사이에 전성기를 맞이하였다. 그러나 과학적 의학의 발전에서 파생된 의료의 비인간화와 관료화, 질병으로부터 환자가 소외되는 현상, 의료비의 급격한 상승은 현대 의학의 위기(crisis of contemporary medicine)를 초래하였다.[7] 현대 의학의 위기는 의학, 특히 의

3 송대현(2009), 4쪽.
4 권상옥(2006), 3쪽 참조.
5 반덕진(2013), 154-160쪽 참조.
6 과학적 의학 또한 여전히 심신이원론적, 분석적, 기계론적, 환원론적 사고에 기초한 철학 위에 정초하고 있다.
7 권상옥(2008b), 4쪽.

료에 대하여 철학적인 반성(philosophical reflection)을 하는 계기가 되었으며, 이 과정에서 의학의 본질과 목적 그리고 방법론에 대하여 철학적으로 반성하는 의철학(philosophy of medicine)이란 학문이 태어나게 되었다.[8] 의철학의 등장과 더불어 1960년대에 의료윤리학이, 1970년대에 의료인문학이 추가로 의학 교육에 도입되고 1990년대에 의학의 전문직업성을 강화하기 위한 교육이 시작된 것 또한 더욱 인간적인 의학(humane medicine)을 만들기 위해 해결책을 모색한 결과였다.[9]

이와 같이, 의철학의 등장이나 의료인문학 교육의 도입 등은 의학의 비기술적이거나 인간적인 측면을 포함하지 못하는 과학적 의학에 대한 반성[10]인 동시에, 그 지향 탓에 멀어진 인간적인 의사(humane doctor)를 다시 추구하기 위한 노력이었다.

한국의철학회(The Korean Association for Philosophy of Medicine)는 2006년 4월 8일 창립되었다. 한국의철학회가 규정하는 '의철학(philosophy of medicine)'의 '의'는 의과학과 의료 모두를 포함하는 넓은 의미의 의학으로 서양의학과 간호학, 한의학을 두루 포괄한다.[11] 또한 '의철학' 연구 분야는 창립취지문에 밝혀져 있듯이, 생명의 철학(삶과 죽음의 철학, 고통의 철학, 몸 철학, 생명윤리학), 생명과학의 철학(유전학 · 생식의학 · 면역학 · 진화론의 철학),

8 권상옥(2006), 3쪽.
9 권상옥(2008a), 4-7쪽 참조.
10 후커(Claire Hooker)는 연구 배경에서 '의료인문학'에 대해 다음과 같이 정의하고 있다. "의료인문학은 의학의 비기술적이거나 인간적 측면 모두를 포함하여 배우고 실천하는 넓은 분야이다[The medical humanities is a broad area of study and practice encompassing all nontechnical or 'human' aspects of medicine]." Hooker C.(2008), p.369.
11 권상옥(2006), 3쪽.

건강의 철학(건강 · 질병 · 치유 개념의 철학), 비교철학(동서의학의 철학적 기초에 대한 비교 연구), 의학 연구와 교육 방법론, 간호철학(돌봄의 철학), 사회철학(보건 정책의 철학, 건강불평등과 의학 기술의 사회철학), 문화철학(의료인류학) 등을 포괄한다. 현대 의철학의 선구자 펠레그리노(Edmund Pellegrino)가 주도한 미국의 좁은 의미의 '의철학'과 다른 지점이다.[12]

한국의철학회는 2006년 6월 『의철학연구』 제1집을 발간한 이래, 2020년 12월 제30집에 이르기까지 15년간 126편의 논문과 15편의 서평, 1편의 해외 학술대회 참관기를 포함하여 총 142편을 성과로 제출하였다. 관련 연구자가 많지 않은 상황을 감안한다면, 그 성과는 결코 적지 않다. 그리고 이는 국내 의철학 연구의 발전을 위해 선배 학자들이 지속적으로 노고를 아끼지 않았음을 보여준다. 더욱이 한국의철학회의 학술 활동과 성과 가운데, 과학적 의학에 대한 반성과 인간적인 의사를 다시 추구하기 위한 노력이 담겨 있음은 물론이다.

서양철학은 분석의 방법을 중시하여 원자 개념을 도출하였다. 그리고 그러한 원자론적 사유의 계승은 다시 과학의 발전을 이끌었다. 이에 과학의 성과와 방법론을 도입한 과학적 의학이 주로 관심을 쏟은 것은 실체성을 지니는 질병의 영역이었지 건강의 영역은 아니었다. 건강은 고정된 실체라고 보기 어렵다.[13] 그럼에도 객관적인 건강 개념을 모색하는 것은 고정된 실체로서 그 본질을 파악하여 불변하는 건강 개념을 확립하는 탐구와만 직결되지는 않는다. 본질주의적 입장이 아닌 사회적 구성주의의 입장에서도 그것

12 권상옥(2006), 7쪽.
13 김준혁(2020), 105쪽.

은 가능하고, 사회적 합의가 이루어진 건강 개념은 보건 정책 수립의 토대로 역할을 수행하거나 때로는 인간 삶의 구체적 행위에 대한 규범으로 작용할 것이기 때문이다. 이러한 작업은 분석적 과학방법론에 종속된 의학 내부에서 수행되기 어렵다.[14]

이 글에서는 건강 개념 연구를 중심으로 한국 의철학의 연구 동향을 다루고자 한다. 이를 위해 한국의철학회가 발간하는 저널『의철학연구』에 수록된 글 가운데, 제목과 초록문의 주요어에서 건강 개념을 제시한 논문 9편과 서평 1편을 선행적으로 검토하였다. 그 결과, 의학과 좀 더 밀접한 건강 개념을 중심으로 논의가 이루어지고, 한국의철학회가 규정한 '의철학'의 다양한 연구 분야와 동향을 확인할 수 있는 6편의 논문을 주된 분석의 대상으로 선택하였다. 각 연구는 우리가 한국의철학회 초기의 다양한 건강 개념을 소개하는 것으로부터 한의학의 건강 개념, 프랑스 생명철학의 건강 개념, 현대 영미 철학의 건강 개념, 통접(conjunction)의 건강 개념까지 두루 조망할 수 있도록 도와준다. 이 작업은 한국의철학회에서 수행된 건강 개념 연구의 흐름을 개괄하고 그 지형도를 확인할 수 있게 해 줄 것이다.

14 최종덕(2017), 59쪽.

2. 한국 의철학의 건강 개념 연구 동향

1) 건강 개념의 세 가지 모델[15]

『의철학연구』 제1집에서부터 건강 개념에 관한 연구 성과가 등장한다. 이는 건강 개념이 의철학에서 우선적으로 다루어져야 하는 중요한 문제 가운데 하나이기 때문이다. 현재에도 몸철학 연구에 집중하고 있는 의철학자 강신익은 건강이 극복 대상으로 삼는 질병과 그 극복 과정으로서 치유를 함께 고려해야 한다는 문제의식으로부터 출발했다. 이로부터 질병, 건강, 치유가 동일한 과정의 다른 측면들이기에 생성(되어 감)으로서의 건강관이 도출될 수 있다고 주장했다. 그러나 그는 질병, 건강, 치유의 경험과 관념이 역사적으로 변천을 거듭해 왔으며 문화적으로도 일정치 않기에, 우선 그 변천 과정을 추적하는 데 집중했다. 즉 질병과 건강 개념의 변천을 다루는 개념사가 아니라 각 시대별로 달리 경험된 질병과 건강의 역사(경험사)에 대해 논의했다.

그는 세계보건기구(WHO)가 건강을 '신체적, 정신적, 사회적 안녕 상태'[16]

15 이 절의 내용은 강신익(2006), 19-21쪽 참조.

16 세계보건기구헌장(Constitution of the World Health Organization)은 1946년 6월 19일부터 7월 22일까지 뉴욕에서 열린 국제보건회의에 의해 채택되었으며, 1946년 7월 22일 61개 주 대표가 서명하고 1948년 4월 7일 발효되었다. 이 헌장에 명시된 건강의 정의는 다음과 같다. "건강은 단지 질병이나 병약함의 부재가 아니라 완전한 신체적, 정신적, 사회적 안녕의 상태이다[Health is a state of complete physical, mental and social well-being and not merely the absence of disease or infirmity]." https://www.who.int/about/who-we-are/constitution 2021.5.20. 검색

로 정의하며 최근에는 영적(spiritual) 안녕[17]을 추가하기도 함으로써 건강의 영역이 물질적 신체로부터 그 바깥으로까지 확장되었다는 사실을 지적했다.[18] 다음으로 일정한 구조를 갖춘 몸이 그 구조에 합당한 생물학적 기능을 수행하는 상태로 건강을 보는 부어스(Christopher Boorse)의 입장을 언급했다. 또한 부어스의 견해에 의거할 때, 건강은 자연에 의해 디자인된 본래적 구조와 생리 현상임을, 즉 우리의 몸에는 '종 디자인(species design)'이라 불리는 이상적 상태가 있으며 그것이 바로 건강이라고 주장했다. 그리고 이 입장이 의사를 비롯하여 일반 대중이 상식적으로 지니는 생각이며 현대의 생의학(biomedicinc)이 이러한 생각을 기본 전제로 한 의학의 형식이라고 부언했다.[19]

이와 더불어 그는 두 입장의 차이를 언급했다. 이에 따르면, ① 전자는 의학이 지향해야 할 목적과 의지의 표명이며 생물학적 한계를 넘어 인간의 보편적 존재 조건을 포괄하는 실존적 당위의 표현이다. 반면, 후자는 건

17 세계보건기구헌장의 건강 정의에 '영적 안녕(spiritual well-being)'은 포함되어 있지 않다. 시리코(Francesco Chirico)는 영적 안녕(spiritual well-being)과 심리적 안녕(psychological well-being)이 혼동되어서는 안 되며, 세계보건기구의 건강 정의에 '영적 안녕' 차원이 추가되어야 함을 주장한다. Chirico(2016), pp.14-15.

18 세계보건기구의 건강 개념 정의에 대한 문제점들에 대해서는 오재근 · 김용진(2008), 26쪽 참조.

19 김준혁은 이 점과 관련하여 다음의 내용을 제시하고 있다. 세계보건기구의 건강 개념 정의에 대한 대표적인 비판이 철학자 부어스의 견해로, 그는 기능의 종적 평균(normal species functioning)에 기초하여 자신의 가치중립적, 과학적 건강 개념을 제시하였으며 의과대학 교육에서 암묵적으로 건강은 각 기관이 측정에서 평균치를 보이며 이상 소견이 없을 때로 상정되는데, 이는 그가 말한 인간 종(human species)에서 각 기관이 나타내는 기능의 평균이라는 개념을 그대로 따르고 있지만, 부어스가 정의한 건강 개념이 의학계에 받아들여졌다기보다는, 그가 의학계에서 통용되던 관념을 개념으로 명확화 했다고 보는 것이 타당하다는 것이다. 김준혁(2020), 103-106쪽 참조.

강을 물질적 몸의 평균적 기능임을 의미하는 현실적, 실증주의적 개념이다. ② 양자는 다른 철학적 체계에 근거를 두고 있다. 전자는 건강을 계층화된 다양한 시스템의 조직으로 보는 점에서 체계이론(system theory)에 근거한다. 후자는 건강을 신체 구조와 기능의 생물학적 완성으로 보는 견해로 인체의 생물학적 메커니즘을 기준으로 삼는 기계적이고 분석적인 철학에 토대를 두고 있다. ③ 세계보건기구의 건강 개념을 생심리사회적 모델(biopsychosocial)이라 하며, 생물학적 정상상태로 보는 견해를 생의학적 모델이라 한다. ④ 전자는 다원적 안녕(wellbeing)의 상태를 강조하며, 후자는 일원적 정상(normality)의 상태를 중시한다. 그러나 양자는 이상적이고 안정적인 건강 상태를 상정한다는 점에서는 공통점이 있다.[20]

그는 이러한 이상적이고 안정적인 상태의 존재 자체를 부정하는 세 번째 견해로 이스라엘의 사회학자 안토노브스키(Aron Antonovsky)의 생성과 초월의 패러다임(Salutogenic Paradigm)의 이해를 언급했다. 이에 따르면, 건강은 고정된 이상적 상태가 아니라 역동적 변화의 과정이며 따라서 완벽한 건강이란 존재하지 않는다. 또한 건강은 질병과의 싸움에 이겨 쟁취할 수 있는 전리품이 아니라 질병을 포함한 삶에의 전반적 적응이다. 즉 '생성과 초월의 패러다임'이 건강(salute)은 존재하는 것이 아니라 생성(-genic)됨을 의미

20 1948년 발효된 세계보건기구헌장과 엥겔(George Engel)이 1977년 생심리사회적(biopsychosocial) 의료 모델을 주장한 시기 사이의 간극은 제법 크다. 그럼에도 엥겔은 질병에 대한 생의학 접근의 막대한 이점을 희생시키지 않고 그 범위를 확대할 것을 주장하는 점에서 차이를 보인다. Engel(1977), p.132. 그리고 김준혁이 재차 지적하듯이, 부어스 또한 의과학에서 출발하여 객관적인 건강 개념을 확립하고자 하였다는 점에서 양자는 생의학 혹은 의과학으로부터 출발하여 건강 개념을 정의하는 공통점을 지닌다. 김준혁(2020), 105쪽.

하듯이, 건강은 '있음'이 아니라 '되어 감'을 의미한다.

그는 앞의 두 모델과 뒤의 패러다임의 차이를 다시 구분하여 강조했다. 생심리사회적 모델이나 생의학적 모델이 건강에 대해 설명적(descriptive)인 반면, 생성과 초월의 패러다임은 건강의 설명 모델이 아니라 미래의 방향을 제시하는 규범적(prescriptive) 처방이라는 것이다.

2) 한의학의 건강 개념[21]

『의철학연구』 제5집에 이르러 한의학과 연관된 건강 개념 연구가 등장한다. 오재근 · 김용진 두 연구자가 공동으로 수행한 해당 연구는 횡문화 간호(transcultural nursing) 개념의 개발자 레닌저(Madeleine Leininger)의 어떤 개념에 대한 인식이나 그에 따른 행위는 개인의 특성뿐 아니라 사회문화적 영향에 의해 결정되며 행위에 대한 의미 규정 역시 특수한 사회문화적 배경에 따라 영향을 받게 되므로 건강, 질병, 죽음 등도 역시 해당하는 사회문화의 구조 내에서 파악되어야 할 필요가 있다는 주장에 착안하여 전개되었다. 그들에 따르면, 한국 사람들이 유사 이래 'health'나 '健康'이라는 개념으로 건강 행위를 영속해 온 것은 아니었다. 특히 'health'는 19세기 당시 일본의 난학자(蘭學者)들이 수용한 신체의 해부학적 구조나 생리학적 메커니즘 등의 의학적 근거에 기초하여 객관적으로 판정하는 것을 가리키고자 '健康'으로 번역된 후, 일본 개화론자들이 몸의 조화로운 상태에서 점차 개인의 자발적인 노력 나아가 국가가 강제할 수 있는 것으로까지 확장되고, 제국주의 시

21 이 절의 내용은 오재근 · 김용진(2008), 20-46쪽 참조.

대를 거치면서 '신체검사'와 함께 무비판적으로 조선 및 동아시아에 이식되었다. 이에 두 연구자는 조선의 전통 의학에서 건강은 몸 외부의 자연과 몸 내부의 자연이 조화를 이룬 상태로서 내부적으로 지켜야 할 몸의 자산[22]이라는 이해를 인용한 뒤, 동아시아 전통 의학에서 몸의 이상적인 상태라 할 수 있는 '건강'에 대해 어떤 서술을 진행하고 있는지를 『황제내경(黃帝內經)』(이하 『내경』)을 중심으로 논의했다.

한의학은 자연과 몸과 사회를 하나의 기로 파악한다. 즉 한의학은 사람의 생물학적 몸을 대상으로 함과 동시에 사회적 관계로서의 몸을 대상으로 한다. 또한 『내경』은 사람의 몸을 개별적, 사회적, 환경적 측면에 따라 구분한다. 이에 몸의 이상 유무를 살피기 위해서는 평균값 등의 통계적 수치로 계산된 일률적 척도가 아닌 몸의 구분에 맞는 다양한 기준을 고려해야 할 필요가 있다. 또한 『내경』을 비롯한 동아시아 전통 의학에서는 음양 개념을 도입하여 그 균형과 불균형으로 몸의 상태를 설명한다. 음양의 균형은 원만한 생명 활동과 조화로움, 동태평형 등의 최고 이상 상태를 의미한다. 즉 음양이 서로 상대방의 작용에 힘입어 제 기능을 발휘하고 이를 통해 인체가 전체적으로 음양의 평형을 이루어 정상적인 생리 활동을 유지할 수 있는 '건강'한 상태이다.

더 나아가 두 연구자는 『내경』에서 몸 상태를 설명하는 '미병(未病)' 개념을 통해 한의학의 건강 이해를 부각시켰다. 그들에 따르면, 본래 '미병'은 질병이 없는 건강한 상태를 가리켰지만 질병 발생의 사전 예방, 발병 징조가 있을 때의 조기 치료 실행, 질병의 변화 경향 파악과 예방 치료에 의한 병증

22 강신익(2004), 330쪽.

진행 방지로 그 의미가 확장되어 왔다. 또한 최근의 연구에 따르면, 그것은 질병이 없는 건강 상태, 병리적 증상이 있으나 어떠한 임계 표현이 없는 상태, 병리적 증상이 이미 나타났으나 명확하게 병증 유형을 진단하지 못하는 상태, 한 기관에 병이 있으나 아직 다른 기관까지 영향을 주지 않은 상태로 나누어 볼 수도 있다. 두 연구자는 '미병'이 질병, 미병, 건강의 연속선상에 존재하는 중간 상태에 대한 표현으로, 이는 한의학이 질병과 건강을 고정적 상태로 보지 않는 관점을 드러내는 것이기에, 안토노브스키가 건강을 고정된 이상적 상태가 아니라 역동적 변화의 과정으로 보는 이해와 유사한 측면이 있음을 지적했다. 또한 한의학이 '미병' 개념을 통해 건강과 질병의 중간 상태까지도 건강과 관련하여 이해하는 특징이 있다고 부언했다.

3) 깡귀엠 생명철학의 건강 개념[23]

프랑스 의철학은 생기론적 전통과 실증주의적 전통으로 구분할 수 있다. 이때 '의철학'은 의학이라는 학문의 본질에 대한 철학적 성찰을 의미하며, 두 전통 모두 프랑스 의철학의 중요한 요소이다. 프랑스 의학에서 두 전통은 몽펠리에 학파와 파리 임상의학파의 대립으로 나타났고 의학의 내용과 철학에 그대로 반영되었다. 라퐁(J. B. Lafon)은 1796년 프랑스어권에서 최초로 『의철학*(Philsophie Médicale)*』의 제목으로 출간한 자신의 저작에서 생기론적 입장으로 의학의 철학과 내용을 재해석했다. 반면, 카바니스(Pierre-Jean-Georges Cabanis)는 1803년에 출판한 『의학의 확실성 정도에 관하여*(Du*

23 이 절의 내용은 황수영(2013), 7-24쪽 참조.

Degré de Certitude de la Médecine)』에서 직접적 경험과 관찰이 가능한 현상에 집중함으로써 의학의 확실한 토대를 놓을 수 있다고 주장했다. 즉 의학에 대한 실증주의적 철학을 분명하게 천명했다. 또한 파리의과대학의 교수였던 부이요(Jean-Baptiste Bouillaud)는 1836년에 출판한 『의철학론*(Essai Sur La Philosophie Médicale Et Sur Les Généralités De La Clinique Médicale)*』에서 실증주의적 입장의 의철학을 좀 더 분명하고 체계적인 형태로 제시했다.[24]

19세기에 의철학 양대 전통의 대립이 제기되었으나 20세기에 들어와 깡귀엠(George Canguilhem)이 해결의 실마리를 발견했다. 이 전통을 역사적 인식론의 전통이라 명명할 수 있으며, 이것은 비록 19세기 의철학이 처한 딜레마를 완전히 벗어나게 해 주지는 못했지만 적어도 문제 상황을 다른 방식으로 바라볼 수 있는 시각을 제공해 주었다.[25]

2020년까지 『의철학연구』의 성과들 142편 가운데, 여인석,[26] 한희진,[27] 황수영,[28] 한희진·국순희,[29] 전정은[30] 등의 논문이 깡귀엠을 다루었다. 이에 더해 그의 『의학론』에 대한 서평을 쓴 김지민[31]까지 고려하면 그 비중이 상당하며, 이로부터 의철학 연구에서 그의 사상이 차지하는 중요성 또한 짐작할 수 있다. 아래에서는 위 연구들 가운데, 깡귀엠의 생명철학에서 건강의 문제를 비중 있게 다룬 황수영의 논의를 통해 그 내용을 확인하고자 한다.

24 여인석(2006), 64-69쪽 참조.
25 여인석(2006), 73-74쪽 참조.
26 여인석(2010).
27 한희진(2012).
28 황수영(2013).
29 한희진·국순희(2015).
30 전정은(2018).
31 김지민(2017).

깡귀엠은 의학과 철학적 사유를 접목시켜 생기론적 의철학을 전개했다. 그가 볼 때, 실증주의적 의학은 기계론으로 환원되지 않는 생명현상, 질병에 의한 위협에 적극적으로 대처하는 생명의 본질적 특성을 놓치고 있기 때문이다. 이를 깡귀엠이 말하는 규범(norme) 혹은 규범성이라는 말로 특징지을 수 있다.

깡귀엠은 '산다는 것은 아메바에서조차도 선호하는 것(préférer)이며 배제하는 것(exclure)'이라고 말함으로써 생명체의 긍정적 가치에 대한 선호와 부정적 가치에 대한 거부 현상이 곧 생명체가 환경의 변화에 대처하고 환경을 전유하는 자신만의 규범을 설정하는 가치를 부여하는 활동임을 드러냈다. 그리고 인간의 경우, 생리적 규범은 자연적 특성에 더하여 '생활양식과 수준', 그리고 '생활의 리듬'과도 관련된 총체적 습관으로 이해되어야 한다고 역설했다.

깡귀엠에 따르면, 근대 생리학이 제시하는 신체의 조절 작용에 관련된 항상적 기능 또는 요소들-체온, 기초대사, 호흡, 혈압, 혈액의 조성, 양분의 조성 등-에는 관찰 가능한 사례들의 평균치라는 통계적이고 '기술적인(descriptif)' 측면과 그것을 이상적인(idéal) 의미에서 정상으로 취급하는 '규범적' 측면이 있다. 그러나 평균적이고 보편적인 의미의 생리적 규범보다는 개별적 체험을 기초로 하는 유기체의 규범, 더 나아가 '규범을 세울 수 있는 능력'인 '규범성'에 주의를 기울여야만 한다. 그에 따르면, 규범성은 인간의 의식에서 비로소 생겨나는 것이 아니라 이미 생명에 '싹으로' 내재해 있다. 그리고 그것은 생명을 위협하는 내외적 조건에 맞서 싸우는 데서 확립된다.

깡귀엠은 실증주의 질병관을 비판했다. 병리학자 브루세(François-Joseph-Victor Broussais)는 질병과 건강의 현상들이 본질적으로 일치하고 단지 강도의 측면에서 다르다고 보며, 이를 수용한 콩트(Auguste Comte)는 질병을 다양한 조직의 자극이 정상 상태를 구성하는 정도보다 과잉되거나 결핍된 것이라고 보았다. 베르나르(Claude Bernard) 또한 정상성과 병리성을 생리기전의 양적 척도로 판별했다. 이처럼 강도 차이나 양적 차이를 통해 이해하는 질병은 기관의 수준에서 또는 유기체의 일부에서만 일어나는 특수한 사건이다. 그러나 깡귀엠이 볼 때, 질병은 유기체 전체의 수준에서 겪는 완전히 새로운 사건, 즉 질적 변화이다.

깡귀엠이 관심을 갖는 질병은 보편적 분류에 종속되는 해부학자의 이론 속 질병이 아니라 환자 개체의 질병이다. 더 나아가 그것은 환자가 느끼는 통증의 감각 속에서 그 완벽한 주관성을 나타내는 질병이다. 이에 그는 질병으로 나타난 통증(la douleur-maladie)의 상태가 의식을 지닌 전적으로 개인적 수준에서의 사실이라고 역설했다.

깡귀엠은 질병을 개체성뿐만 아니라, 규범성과도 연관시켜 이해했다. 이러한 질병은 환자를 병리 상태로 접어들게 하여 과거보다 축소된 상황에 맞는 규범 외에 다른 규범을 산출하지 못하게 하기 때문이다.

깡귀엠은 일정한 정적 상태, 즉 존재의 관념으로 이해하는 건강 개념이 '통속적(vulgaire)'이라 비판하며 완벽한 건강이 존재하지 않는 것은 그것이 규범적 개념 혹은 이상형이기 때문이라고 주장했다. 그에게 규범은 일정한 상태로 '존재'하는 것이 아니라, 기존재하는 것을 평가하고 잘못된 것을 바로잡는 역동적인 규범적 과정 속에서 이해되어야 하는 것이었다. 이에 황수영은 깡귀엠이 건강을 일정한 상황에서 규범을 갖는다는 사실만이 아니라 다른 여러 상황에서도 규범을 설정할 수 있는 능력으로서의 가능성과 관련시켜 그 특징이 일시적으로 정상이라고 정의되는 규범을 넘어설 가능성이자, 일상적 규범의 위반을 견디고 새로운 상황에서 새로운 규범을 설정할 수 있는 가능성이라 했다고 지적했다. 이에 더해 깡귀엠이 건강을 반응의 가능성들을 조절하는 핸들(volant)이라고 하거나 건강을 남용할 가능성도 건강의 일부를 이룬다고까지 한 말을 통해 그에게 건강은 단순히 환경에 대한 적응을 넘어 자신의 본성을 실현하려고 애쓰고 때로는 스스로의 환경을 만들어 내기도 하는 능력으로서의 가능성임을 드러냈다.

4) 능력으로서의 건강 개념[32]

세계보건기구의 건강 개념 정의가 변하지 않는 상황에서 건강 개념을 상태로 이해하는 관점에 대해 반성이 지속적으로 있었다. 앞서 살펴봤듯이, 깡귀엠이 규범 혹은 규범성과의 연관 속에서 건강을 새로운 규범을 설정할 수 있는 능력으로서의 가능성이라 주장한 이해 또한 그와 무관하지 않다. 1980년대 이후 제기된 노르덴펠트(Lennart Nordenfelt)의 전체론적 건강 개념, 후버(Machteld Huber) 등의 적응과 자기 관리 능력으로서의 건강 개념 또한 그러하다. 이하에서는 김준혁이 의료자원 분배 문제와 연관하여 전개한 논의 속에서 언급한 내용을 중심으로 이를 확인하고자 한다.

노르덴펠트는 기능의 평균으로 건강을 정의할 때의 두 가지 문제를 비판했다. 첫째는 종적 평균의 측정 수준을 명확히 해야 한다는 점이다. 세포 수준, 장기 수준, 개체 수준에서 평균을 측정할 때 그 값이 바뀌고 수준의 변동에 따라 정의도 바뀌어 명확성을 결여하기 때문이다. 둘째는 기능의 평균

32 이 절의 내용은 김준혁(2020), 104-111쪽 참조.

개념이 유기체와 환경 사이의 상호작용을 설명하지 못한다는 점이다.

노르덴펠트는 건강이나 질병 그리고 다른 유사한 개념들로부터 일반적으로 보이는 두 가지 관점을 전체론적(holistic) 관점과 분석적(analytic) 관점이라 부르고 전자는 전체로서의 인간 존재의 상태에 초점을 맞추고 그(그녀)가 건강한지를 판단하며, 후자는 사람의 주의를 인간 유기체의 특정 부분으로 돌리고 그들의 구조와 기능을 고려한다고 말했다.[33] 이에 그는 통증(pain)과 장애(disability)가 필수적 역할을 하는 이론, 즉 전체론적 관점에서 구성된 이론에서 건강 개념을 제시할 필요성을 주장하며 능력(ability) 개념을 중심으로 논의를 전개했다.

노르덴펠트에게 건강은 자신의 필수 목표(vital goals)의 실현과 같은 어떤 기초적 수준에 도달하기 위한 능력이다.[34] 그가 능력을 내세운 이유는 건강과 질환을 주관적 인지의 차원에서 구분하기 때문이다. 건강과 질환은 각각 편안함과 고통(suffering)이라는 특징을 지니며, 고통 상태에서 개인은 무능력(disability)해진다. 반대로 무능력하다고 반드시 고통이 발생하지는 않는다. 이에 그는 질환을 배제하기 위해서는 무능력보다 능력을 설명하는 편이 낫다고 했다. 그러나 건강과 능력은 같은 의미가 아니므로, 건강을 설명하기 위해 능력 개념을 더욱 정밀화했다. 이에 그는 1차 능력(first-order ability)과 2차 능력(second-order ability)을 구분했다. 1차 능력은 즉각적으로 어떤 행동을 수행할 수 있는 것을 뜻하며, 2차 능력은 그렇지 못할 때에 적절한 훈련과 연습을 받아 1차 능력을 지닐 수 있는 것을 의미한다.[35]

33 Nordenfelt(1995), p.XIII.
34 Nordenfelt(1995), pp.145-146.
35 Nordenfelt(1995), pp.XIV-XV.

노르덴펠트에 따르면, 건강에 관여하는 능력은 2차 능력의 종류이며, 건강하다는 것은 최소한 어떤 일련의 행동을 수행할 수 있는 2차 능력을 지니는 것이다. 반대로 병에 걸린다는 것은 일반적으로 이러한 2차 능력 중 하나 혹은 그 이상을 상실하게 된 것이거나 부족하게 된 것이다.[36] 이에 따라 그는 "만약 A가 건강하다면, 그가 그의 모든 필수 목표를 실현하기 위해, A가 주어진 표준 상황에서 2차 능력을 가지고 있는 경우에만 그러하다."[37]라고 하거나 "만약 A라는 사람이 건강하다면, 그가 그의 필수 목표를 성취하기 위해, 2차 능력(그의 환경 속 주어진 표준 상황에서)을 지니고 있는 경우에만 그러하다."[38]라고 말했다.

이로써 노르덴펠트는 건강의 전체론적 정의를 제시하는 데 성공했다. 그러나 그 구성과 성취는 개인적이다. 필수 목표가 개인에 따라 다르기 때문이다. 이것은 전체론적 건강 개념의 장점이자 단점으로 꼽힌다.

후버로 대표되는 네덜란드 연구자 집단은 새로운 보건의료 서비스의 정책 방향성 설정 필요와 관련하여 세계보건기구의 건강 개념이 지닌 문제를 비판했다. 세계보건기구 건강 개념이 공식화된 1948년의 인구구조와 질병 분포는 오늘날 노인인구와 만성질환이 증가하는 현실을 반영하지 못하기 때문이다. 비판 지점은 세 가지이다. 첫째, 의료화(medicalization)의 강화이다. 세계보건기구의 건강 개념은 건강을 이상적 상태로 설정하여 모든 사람을 건강하지 못한 상태로 보게 되고, 이들이 의료서비스를 찾을 수밖에 없는, 의료서비스에 종속되는 구조를 형성시킨다. 둘째, 1948년과 크게 달라

36 Nordenfelt(1995), p.53.
37 Nordenfelt(1995), p.148.
38 Nordenfelt(1995), p.105.

진 현실을 반영하여 증가한 노인인구와 만성질환자의 건강 행동을 촉진하도록 건강 개념은 재정의되어야 한다. 셋째, 조작화(operationalization)의 문제이다. 신체적 · 정신적 · 사회적 안녕 상태의 측정 방법이 모호할 뿐만 아니라, 측정 가능한지도 알기 어렵다.

후버 등은 건강을 '사회적, 신체적, 정신적 도전 앞에서 적응하고 자기를 관리할 수 있는 능력(health, as the ability to adapt and to self manage)'이라고 정의했다. 건강을 능력 그 자체로 보는 이러한 이해는 능력 개념을 1차 능력과 2차 능력으로 구분하고 능력을 통해 건강 개념을 정의했던 노르덴펠트의 입장과 차이를 보인다. 해당 정의에 따르면, 건강은 사회적, 신체적, 정신적 영역에서 적응할 수 있는 능력이다. 사회적 건강은 자신의 잠재력과 의무를 이행할 수 있는 능력으로, 의료적 조건에도 불구하고 어느 정도의 독립성을 지니고 자신의 삶을 관리할 수 있는 능력, 일을 포함한 사회 활동에 참여할 수 있는 능력이다. 신체적 건강은 변화하는 환경을 관통하는 생리적 항상성(physiological homoeostasis)을 유지하는 것이고, 정신적 건강은 안토노브스키가 기술한 강한 심리적 스트레스로부터 회복하고 대처하며 외상후스트레스장애를 예방하는 성공적인 능력에 기여하는 요소인 일관성의 감각(sense of coherence)을 말한다. 이는 어려운 상황에 대해 이해력, 관리력 그리고 유의미성을 향상시키는 주관적 능력을 포함한다.[39]

이러한 적응과 자기 관리 능력으로서의 건강은 의료서비스로 공급되거나 의료의 개입을 통해 확보하는 것이 아니다. 의료서비스는 그저 능력 획득과 개선을 도울 뿐이다. 또한 사회는 이들의 적응기전을 돕기 위한 방침

39 Huber et al.(2011), p.2.

을 제시하고 공동체가 함께 이를 이뤄 나갈 수 있도록 지원한다.

그럼에도 적응과 자기 관리 능력으로서의 건강 개념이 충분히 조작화될 수 있는지에 관해서는 아직 만족스러운 답이 제시되지 않았다. 또한 고혈압을 지닌 자와 지방간을 지닌 자에게 요구되는 건강 능력이 전자는 혈압 조절 약물을 제때 복용해야 하기에 약물 순응(medication adherence)이고, 후자는 간에 무리가 가는 활동을 최소화하고 동시에 약물 복용이 제한되기에 약물 회피(medication avoidance)인 것처럼 전혀 다르기에, 질병이나 사회에 따라 건강이 새로 정의되어야 함으로써 초래되는 혼란을 문제로 지적할 수 있다.

5) 코나투스 건강학, 건강과 참살이의 계보[40]

앞서 2장 1절에서 언급한 바 있는 강신익은 『의철학연구』 제22집에서 추상화된 개념과 언어를 중심으로 한 사유(cogito)의 의학이 그 성과에도 불구하고, 질병 그 자체에 초점을 맞춤으로써 질병을 앓는 사람의 일상적 삶과는 유리된 지식 체계로 발전했다고 비판했다. 그리고 이러한 문제의식으로부터 의학 본연의 과제인 '생명살림(saving and enlivening life)'에 초점을 맞춘 새로운 사유 양식을 스피노자의 자연 특히 코나투스(conatus) 개념을 통해 논의했다. 그가 인용한 아인슈타인(Alvert Einstein)의 말처럼, 어떤 문제에 대한 해결책은 그 문제를 일으킨 사유의 양식 속에 머무르는 한 절대로 나오지 않기 때문이다. 즉 그는 코키토를 중심으로 한 과학적 생물의학이 발생시키는 문제들을 폭로하고 대안적 사유 양식의 제시를 통해 그 돌파구를 모

40 이 절의 내용은 강신익(2016), 31-66쪽과 강신익(2020), 3-36쪽 참조.

색했다. 다만 이로 인해 건강 개념은 논의의 중심으로부터 비껴 서 있다.

강신익은 구조와 기능에서 연역되는 이론 중심 의학에서 경험과 실천을 중시하는 문제풀이 의학으로의 전환에 주목했다. 그는 이 전환이 의학의 성격에 대한 근본적 반성에 기반해 있다는 사실을 지적하고, 새로운 흐름을 코나투스 건강학이라고 명명했다. 스피노자가 말한 코나투스는 모든 생명에 내재된 본질적 지향인 존재 보전의 노력으로, 자신의 존재 안에 머무르려는 노력이야말로 생명의 원초적 경향이며 질병을 극복하는 첫걸음이고, 미리 사유된 존재의 질서가 아니라 실천 속에 되어 가는 과정의 시작이며, 그 과정 속에서 혼자만의 건강이 아니라 함께 살아가는 다중이 만들어 내는 건강에 대한 새로운 흐름으로의 통접(conjunction)을 기대할 수 있다고 보았기 때문이다.

강신익은 스피노자 철학의 자연주의, 심신평행론, 코나투스의 핵심 개념을 통해 심신이원론과 환원주의에 뿌리박힌 코키토 의학을 비판했다. 또한 진화심리학, 면역학, 인지과학의 최근 성과들을 제시함으로써 그 주장이 스피노자의 자연주의와 부합함을 드러내고 몸과 마음과 환경이 하나인 코나투스 의학이 건립될 수 있다고 역설했다. 스피노자의 자연이 소산(所産)과 능산(能産)의 양 측면을 모두 포함하듯이, 그가 말하는 코나투스 의학은 수동적 몸살이(body-living)와 능동적 몸살림(body-enlivening)이 조화를 이루는 살림살이의 의학이다. 몸은 경험의 주체인 동시에 그 경험의 물질적 기반이 환경과 상호작용하는 역동적 시스템이자, 개방계이다. 이 안에서 건강과 질병은 별도의 범주가 아니라 하나의 연속적 경험이다.

강신익은 『의철학연구』 제29집에서 건강 개념의 계보를 추적하고 참살이(authentic bodily liveliness)라는 새로운 몸의 규범을 주장했다. 그에 따르면,

'참살이'는 '몸에 대한 몸을 위한 몸의 실천'으로 미리 정해진 도달해야 할 목표가 아니라 끊임없이 변화하고 생성하고 가꾸어 가는 삶의 미학적 규범이고 실천이다.

강신익은 건강을 어떻게 정의하든 그것이 몸의 생리적(biological)이며 심리적(psychological)인 현상인 것은 부인할 수 없다고 말했다. 그러나 그는 건강이 가치와 규범이기도 하며 삶의 실천이기도 하다는 사실에 주목했다. 이에 건강 개념 연구들이 주로 옳고 그름을 분석적으로 따지거나 단점을 보완한 새로운 개념을 제시하는 수준에 머물러 있다고 지적하면서, 건강이라는 개념 속에 담긴 다양한 몸의 경험과 실존적 실천의 문제를 다시 부각시키고자 했다. 또한 건강에 대한 의철학 논의에 몸의 구조와 기능에 관한 과학의 최근 연구 성과들이 제대로 반영되어 있지 않다고 지적하면서, 이러한 과학적 연구 성과를 통해 건강의 분석적 개념을 현상학적 경험과 실존적 실천으로 연결해 개념과 경험과 실천이 유기적으로 연결된 새로운 건강을 사유하고 살아내기 위한 것이라는 연구의 목적을 제시했다. 다만 그가 언급한 인간유전체 연구 이후의 유전학, 환경과의 관계와 주체의 정체성 측면에서 바라본 면역학에 관한 철학적 성찰, 인식의 주체와 대상이라는 전통적 이분법이 극복된 '체화된 인지(embodied cognition)'로 대변되는 인지과학의 연구 성과 등은 논문에서 제시되지 않았는데, 이는 그의 2016년 연구 「코나투스 건강학(Conatus Medicine)」에서 이미 충분히 다루어졌기 때문으로 보인다.

강신익은 건강의 계보를 추적함으로써 다음과 같은 결론을 도출했다. 구체적으로는 첫째, 건강이라는 말의 어원과 현대적 의미 그리고 그 문화적 변천을 탐색함으로써 튼튼하고 편안한 상태라는 뜻의 '건강(健康)'이 동서양의 전통 어디에도 없는 근대의 발명임을 주장했다. 둘째, 한의학의 '미병(未

病, not-yet-diseased)'이 동아시아 전통 사회에서 건강과 비교할 만한 몸의 경험이라고 주장했다. 셋째, 서양의 의학과 문화 그리고 철학에서 건강의 개념과 경험이 어떻게 표현되고 실천되는지 추적함으로써 건강이 아닌 참살이의 실천 규범으로 몸의 살림살이를 제시했다. 이와 더불어 국가, 전문가, 자본이 제시하는 완벽한 건강 대신, 약하고 불완전한 몸으로 스스로 문제를 해결하며 더불어 살아가는 참살이가 새로운 의학과 삶의 규범이 되어야 한다고 주장했다. 이러한 결론은 그의 기존 건강 연구와 관련하여 종합판의 성격이 있다.

3. 나가는 말

한국 의철학의 건강 개념 연구들이 공통으로 문제 삼는 지점은 세계보건기구의 건강 정의이다. 비판 지점은 첫째, 그것이 완벽하기에 이상적인 상태를 말하기 때문이다. 둘째, 그것이 정적인 상태로서 존재 관념으로 이해되기 때문이다. 다시 말해, 세계보건기구의 건강 정의에 의거할 때, 완벽하기에 이상적인 건강 상태가 정적으로 존재한다고 보아야 한다. 이러한 정의가 왜 문제인가? 그것이 건강을 성취할 수 있는 완벽한 존재의 상태에 대한 매우 특수한 개념으로 제시된 것이 아니라, 인류 일반이 성취해야 할 것으로 보편적 개념으로 제시되었기 때문이다. 비유하자면, 지성(intelligence) 대신에 전지성(omniscience)을 제시한 것으로 인류 일반이 지성이 아니라 전지성을 추구해야 한다고 주장한 것과 같다. 이는 결국 모든 인간이 의료서비스에 종속되어야만 하는 결과를 초래하며, 건강 이데올로기를 내세우는 일과 같다. 또한 인간의 몸은 역동적 시스템임에도 불구하고, 그 안에 성취해야 할 정적 상태를 도입함으로써 개념적 충돌을 일으킨다. 만일 그와 같다면, 인간의 몸은 건강 상태를 성취함과 동시에 역동적 시스템으로 존재할 수 없다.

엥겔과 노르덴펠트의 이해를 종합한 버처(Johannes Bircher)는 "건강은 신체적 · 정신적 · 사회적 잠재력으로 특징지어지는 역동적인 안녕(wellbeing)의 상태로, 연령 · 문화 그리고 개인적 책임에 상응하는 삶의 요구를 충족시킨다. 만일 잠재력이 이러한 요구를 충족시키기에 불충분하다면, 그 상태가 질병이다."[41]라고 함으로써 건강과 질병에 대한 역동적 정의를 제안했고, 강신익 또한 건강을 '몸에 주어진 문제들을 큰 무리 없이 풀어 나가는 과정 또는 상태'[42]라고 함으로써 그 이상적 측면을 거부하고 역동적 과정 또는 상태로 이해했다. 깡귀엠이 존재의 관념으로 이해하는 정적 상태로서의 건강 개념을 통속적이라 비판하고 건강을 일시적으로 정상이라고 정의되는 규범을 넘어설 가능성으로 이해하는 입장, 노르덴펠트가 건강을 자신의 필수 목표의 실현과 같은 어떤 기초적 수준에 도달하기 위한 능력으로 이해하는 입장, 그리고 후버 등이 건강을 사회적 · 신체적 · 정신적 도전 앞에서 적응하고 자기를 관리할 수 있는 능력으로 이해하는 입장은 모두 세계보건기구의 건강 정의가 지닌 그러한 문제를 넘어서고자 하는 모색의 결과이다. 동시에, 한국의철학회는 이들의 견해를 통해 세계보건기구나 부어스의 정적 상태로서의 건강 개념을 비판하려 노력했다고 평가할 수 있다.

41 Bircher J.(2005), p.336.
42 강신익(2016), 7쪽.

한국 의철학의 건강 개념 연구는 시간적, 인적으로 부족한 상황에서도 적지 않게 수행되었다. 이 글에서는 의학과 더욱 밀접한 건강 개념을 중심으로 논의가 이루어진 연구 정리에 초점을 맞추었기에 다루지 않았으나, 김성민 · 김성우의 「니체와 위대한 건강의 윤리학」은 생리와 심리를 분리하지 않는 니체의 관점에서 병든 유럽 문명을 치유하고자 그가 스스로 문명을 치유하는 의사의 입장을 취하면서 위대한 건강을 추구했음을 고찰했다. 이런 점에서 니체를 의학적 해석학의 선구적 철학자로 거론하는 가다머(Hans-Georg Gadamer)의 의학적 해석학이 서평으로만 소개되고 있는 점은 다소 아쉬움을 남긴다.[43] 또한 여인석의 「인간, 건강 그리고 환경」에서는, 히포크라테스 전집에 수록된 〈공기, 물, 장소에 관하여〉가 19세기 이후 각광을 받게 된 배경과 이 글에 담긴 내용이 당대의 과학적 지식과 결합하여 수용 · 발전되는 모습을 보여줌으로써 건강과 환경의 관계에 대해 논의했다. 이에 〈공기, 물, 장소에 관하여〉는 질병, 건강과 관련하여 개별적, 사회적, 환경적 측면을 아울러 사람의 몸을 살피는[44] 『내경』의 입장과 비교하는 연구 또한 가능할 것이다.

끝으로 향후 의철학 연구 발전을 위해 함께 고민해야 할 점을 기술하고자 한다. 첫째, 이 글에서 저자는 '정적/동적' 개념에 대해 이분법적 시각을 견지하면서, 전자를 부정적으로 후자를 긍정적으로 평가했다. 이는 저자의 관점 문제인 동시에, 한국의철학회에서 이루어진 건강 개념 연구들의 경향 혹은 나쁜 의미로는 편향을 의미할 것이다. 그럼에도, 이와 관련하여 다음

43 최종덕(2017), 64-66쪽.

44 오재근 · 김용진(2008), 38쪽.

과 같은 논의의 가능성을 제시해 본다. 예를 들어, 우리는 부어스의 정적 상태로서의 건강 개념을 동적 상태로 새롭게 바라볼 수 있다. 대신에 그가 말하는 '종적 디자인'이라 부르는 통계적으로 전형적인 기능들의 체계는 포기해야 한다. 부어스는 생물학적 통계 이론을 통해 종의 특정 성별의 특정 연령층에 관한 통계적 표준을 이론적 건강(theoretical health) 상태로 제시했다. 그러나 준거집단인 종의 특정 성별의 특정 연령층의 통계적 표준은 불변하지 않으며 시기, 지역에 따라서도 다르다. 빅 데이터가 구축될수록, 데이터의 갱신 간격이 짧을수록 우리는 그 변화를 어렵지 않게 확인할 수 있을 것이다. 이와 같다면, 우리는 부어스의 건강 개념을 정적 상태에만 머물게 하지 않고 동적 상태로 새롭게 조명할 수 있게 된다. 둘째, 저자는 2장에서 기존 연구 성과들의 내용을 나열함으로써 각 연구 사이의 영향 관계는 드러내지 못했다. 이는 한국의철학회에서 이루어진 건강 개념 연구들이 이견을 허용하는 치열한 비판이나 지지를 통한 건설적인 논의를 만들어 내지 못했다는 방증일 수도 있다. 그 때문에 각 연구의 상호 영향 관계를 드러내지 못한 저자의 역량 부족을 우선적으로 반성하면서도 이 문제는 시간이 차차 해결해 줄 수 있으리라는 기대를 가져 본다. 한국의 의철학 연구자가 많지 않고 연구 범위는 넓으며 역사 또한 길지 않은 상황을 고려할 때, 특정 인물의 사상 혹은 주장이나 텍스트를 중심으로 연구가 선행되는 일은 피할 수 없으며, 다른 의미로는 반드시 거쳐야 하는 단계이다. 그리고 이러한 연구가 충분히 축적되었을 때, 특정 주제나 개념 중심의 논의들이 등장하고 활발해질 수 있을 것이며, 비로소 치열한 비판이나 지지를 통한 건설적인 논의 또한 가능할 것이기 때문이다. 셋째, 의철학과 관련된 연구에서 언급되는 '전체(whole)', '전체성(wholeness)', '전체론적(holistic)' 개념의 혼용 문제이다. 의학은 생리적이며 심리적인 현상으로 드러나는 몸을 대상으로 한다. 이때의 몸은 개별자로서 인간의 그것을 의미한다. 이에 관련 연구들에서 언급되는 해당 용어들도 대부분 개별자의 일부가 아닌, 한 개별자 전체를 가리킨다. 신경정신의학자 골드슈타인(Kurt Goldstein)의 경우에 그러하며,[45] 위에서 언급한 노르덴펠트의 경우에도 마찬가지이다. 그런데 펠레그리노(Edmund Pellegrino)는 엥겔의 생심리사회적 모델을 비판하며 그가 사회적·심리학적으로 그것을 포함하지 않는 한, 빠뜨리고 있는 영적 차원이 있다고 지적하고, 종교 혹은 적어도 초월적인 것과 관련해 지니는 어떤 자세가 인간 존재 바탕의 한 부분으로 그것을 배제하는 것이 정당한지를 묻기도 하였다.[46] 펠레그리노가 말한 영적 차원을 한 개별자에게 귀속시켜 이해할 수도 있을 것이다. 반면에 기독교 신비주의에서 주장하듯이, 개별자를 초월하여 이해될 수도 있기에 이론의 여지가 있다. 그럼에도 골드슈타인이나 노르덴펠트의 이해에 의거하면, 인간의 영적 차원은 한 개별자 전체 가운데 일부에 그친다. 그렇다면, 한의학의 경우도 그러한가? 한의학이 자연과 몸과 사회를 하나의 기로 파악한다고 할 때, 그것은 기 개념을 통해 세계와 인간을 전체로 이해한다는 뜻이지, 한 개별자를 전체로 이해한다는 의미가 결코 아니다. 물론 전자의 이해 속에서 후자의 이해 또한 보전된다. 게다가 '전체론(Holism)'과 '전체론적(holistic)'의 용어를 새롭게 만든 스머츠(Jan Smuts)의 1926년 『홀리즘과 진화(*Holism and Evolution*)』에 따르면, '전체', '전체성', '전체론적' 등의 용어는 한 개별자 전체에만 국한되지 않는다. 이는 헉슬리

45 황수영(2013), 21-22쪽.
46 김현수(2020), 9-10쪽.

(Aldous Huxley)의 『영원의 철학(*Perennial philosophy*)』을 통해서도 확인된다. 그에 따르면, 영원의 철학은 모든 생명이 상호 의존하는 우주에서 연결되어 있으며 우리는 존재의 근본 바탕을 통해 연결을 경험한다.[47] 더욱이 스머츠의 주장에 따르면, 전체론은 정태적(static) 세계관의 원자론과 다르게 역동적(dynamic) 세계관을 지닌다. 안토노브스키의 주장에 따라 "우리는 건강해야 한다."라는 말을 "우리는 역동적 변화의 과정을 지속해야 한다."라고 이해해야 할 때조차, 역동적 변화의 과정을 지속하는 '우리'가 한 개별자를 가리키는 개념인지 개별자의 총합 그 이상을 가리키는 개념인지 명확한 답을 내놓기 어렵다. 이와 같이, 동일한 개념임에도 다른 세계관 속에서 다른 의미로 사용되는 개념 혼용의 문제를 해결해야 한다.

47 김현수(2016), 73쪽.

국내 생명의료윤리 연구의 양적 분석*

—1998~2021

김준혁_ 연세대학교 치과대학 치의학교육학교실 조교수

* 이 글은 「한국 생명의료윤리 연구 키워드 네트워크 분석」(『인문학연구』 49, 2021)을 수정 · 보완한 것이다.

1. 머리말

한국에서 생명의료윤리(biomedical ethics)가 본격적으로 연구된 지도 20년이 넘었다. 의료계와 생명과학 분야에서 사회에 큰 영향을 미칠 사건들이 벌어질 때마다, 의료윤리(medical ethics)와 생명윤리(bioethics)는 소환되어 각자의 역할을 수행하는 데 전념하였다. 비록 기관윤리위원회(IRB)가 생명윤리를 대표하는 듯한 인상을 주지만, 많은 논의와 고민이 생명의료윤리 각 분야에 녹아들었고 그 결과는 연구 문헌의 형태로 남았다.

20년, 초기 활동을 시작했던 선배들을 이어 후진이 이제 본격적으로 분야를 이끄는 시간이 흘렀다. 이제, 우리는 생명의료윤리 분야에서 지금까지 이루어진 연구들을 포괄적으로 고찰하고자 한다. 이것은, 생명의료윤리학의 현 세대가 어떤 연구에 더 관심을 기울여야 할 지에 관한 지도를 제작하기 위한 기본 작업이다.

2. 한국 생명의료윤리 연구 약사(略史)

한국에서 의료윤리 교육은 1980년 가톨릭대학교 의과대학이 의학과 4학년 강좌에 '의학윤리'를 개설한 것에서 출발점을 찾을 수 있다.[1] 한국가톨릭의사협회는 1984년 『의학윤리』를 편찬하여 여러 의료윤리 문제를 다루기도 하였다.[2] 한편, 생명의료윤리에 관해 구체적인 논의가 시작된 것은 1993년이라고 볼 수 있을 것이다. 당해 3월 4일에는 대한의학협회가 「뇌사에 관한 선언」을 발표했다.[3] 또, 유전자변형식품(GMO)의 안전성을 다룬 논문[4]이 처음 출간되기도 했다.

1997년은 '한국 생명윤리 역사의 전환점'으로 자리매김하였다.[5] 그해 2월 영국에서 복제양 돌리가 탄생하면서 인간 복제(human cloning) 우려는 생명윤리에 관한 논의를 촉발하는 계기가 되었다. 한편, 1997년 12월에는 보라매병원 사건이 발생, 병원에서 죽음을 맞는 것을 당연하게 만드는 법적 결정이 이루어지면서 임상윤리(clinical ethics)를 다루는 것은 당면 과제가 되었다.

복제양 돌리의 탄생과 그 배경인 체세포 핵이식(somatic cell nuclear transfer)은 이전에 생식세포 핵이식(germ cell nuclear transfer)을 연구하던 서울대학교 황우석 교수의 탐구 방향을 돌려놓는 사건이 되었다.[6] 한편, 보라매병원에서 환자 보호자의 요청으로 환자를 퇴원시켰다가 환자가 사망하자, 주치의

1 맹광호(1990).
2 한국가톨릭의사협회(1984).
3 대한의사협회(2011).
4 김환욱(1993).
5 황상익(2017).
6 이영희(2007).

에게 살인방조죄가 선고되는 사건이 발생하자,[7] 더 이상 치료가 무의미하다고 판단되었을 때 환자를 퇴원시켜 집에서 사망 과정을 겪던 문화는 급속도로 바뀌기 시작했다.

이런 상황에서, 영역 전반의 학술적 논의가 집결되기 시작했다. 대한의사협회는 1965년 개정한 「의사의 윤리」를 재개정하여 1997년 2월 27일 「의사윤리선언」을 마련하고, 이를 구체화한 「의사윤리강령」을 1997년 4월 12일 제정했다.[8] 2001년 11월 15일에는 「의사윤리지침」을 채택, 실천적인 지침을 제시하고자 했다. 2006년에는 「의사윤리선언」을 폐지하고, 「의사윤리강령」과 「의사윤리지침」을 전문 개정했으나 내용이 대폭 축소되면서 강령과 지침이 무의미하다는 자성의 목소리가 높아짐에 따라 2017년 두 문서는 다시 전문 개정되었다.

또, 학계에선 1997년 11월 24일 한국의료윤리교육학회가 창립되었다. 한국의료윤리교육학회는 이름처럼, 의과대학에서 의료윤리학 과목 교육의 필요성과 그 방법에 관한 논의에서 출발하였으며 1998년 11월 20일 「의료윤리학 학습목표」를 제정했다.[9] 또, 1998년부터 학술지 『의료 · 윤리 · 교육』을 발간하기 시작했다. 학술지는 2004년 『한국의료윤리교육학회지』로, 2009년 다시 『한국의료윤리학회지』로 명칭을 변경하였다. 2009년 학회 또한 한국의료윤리학회로 개칭하였다.

한편, 생명윤리에 관한 논의는 1998년 2월 창설된 한국생명윤리학회와 학술지 『생명윤리』를 통해 구체화되었다. 생명윤리학회는 「생명복제에 관

7 대법원 2004.6.24. 선고2002도995 판결.
8 김옥주 외(2017).
9 구영모 외(1999).

한 1999년 생명윤리 선언」을 발표하는 등 국내의 생명윤리 담론 형성에 큰 영향을 미쳤다.[10]

이후 2000년 의약분업, 2005년 황우석 사건은 생명의료윤리학이 단과대학의 교육을 넘어 사회, 제도와 어떻게 연결되고 작용할 수 있을지에 관한 구체적인 논의를 요구하였다. 2005년 「생명윤리 및 안전에 관한 법률」(이하 「생명윤리법」), 2016년 국회를 통과한 「호스피스 · 완화의료 및 임종과정에 있는 환자의 연명의료결정에 관한 법률」(이하 「연명의료결정법」)이 2018년 시행되면서 생명의료윤리의 문제가 법적 규제의 틀에서 어떻게 다루어지는지가 구체화되기 시작하였다. 21세기, 점차 의학과 의료의 사회적 영향력이 커지고 있으며 따라서 관련된 법에 관한 논의도 확충되고 있다.

2020년, 전 세계는 코로나바이러스감염증-19(이하 코로나19) 팬데믹의 충격에 휩싸였으며, 코로나19 백신 접종이 시행되고 있는 2021년 현재 아직 그 해결은 요원한 상태다. 코로나19 사태는 오랫동안 잊혔던 감염병의 힘과 생명의료윤리적 문제의 사회적 파급력을 모두에게 각인시킨 사건이다. 이에 사회는 생명의료윤리 담론의 확장을 요청하고 있다.

이를 위해선 지금까지 이루어진 국내 생명의료윤리 연구의 종합적인 고찰이 필요할 것이다. 우리가 어디까지 왔는지, 그 과정에서 어떤 주제에 관심을 기울였는지 확인해야 한다. 이를 위해서는 연구사(硏究史)를 통시적 관점으로 고찰하는 방법, 주요 논문이나 선언문 등을 질적 방법론으로 살펴보는 방법, 최근 주목받은 텍스트 분석(text analysis) 방법론을 통한 양적 고찰 방법을 생각해 볼 수 있다.

10 편집부(2000).

연구사적 고찰로는 한국 생명윤리의 역사를 다룬 진교훈[11]과 황상익[12]의 논문이 있으나, 두 논문은 위에서 약술한 한국 생명의료윤리의 중요한 사건, 즉 초기 생명윤리 정책의 변화나 황우석 사건에만 집중하여 문제와 그 영향을 조명하였을 뿐, 전체적인 조망을 제시하지는 않았다.

생명의료윤리 분야의 주요 논문이나 선언문을 질적 연구 방법론으로 고찰한 작업으로 「심폐소생술 금지 결정에 관한 문헌 고찰」[13]이나 「간호윤리 연구의 통합적 문헌고찰」[14] 등이 발표되었다. 그러나 두 논문 또한 생명의료윤리 분야 전체가 아닌, 심폐소생술 또는 간호윤리 연구라는 특정 주제에 관한 심도 있는 고찰을 수행한 것이다. 따라서, 이런 연구를 통해 국내 생명의료윤리 연구를 종합적으로 파악하는 데에는 한계가 있다.

텍스트 분석을 통한 양적 고찰로는 황우석 사건 관련 논문을 언어 네트워크 분석에 따라 분석한 논문[15]이 있다. 해당 논문은 '황우석'을 주제어로 검색하여 찾아낸 129편의 논문 중 핵심어(keywords)가 없는 48편의 논문을 제외한 국내 논문 38편, 국외 논문 43편을 대상으로 핵심어의 공출현 네트워크(co-occurence network)를 분석한 것이다. 이 논문은 한국 생명윤리 담론에 큰 영향을 미친 황우석 사건을 중심으로 한 논문을 양적 방법론으로 고찰했다는 강점이 있으나, 마찬가지로 특정 주제를 대상으로 한 것이라 전체 생명의료윤리 연구를 파악할 수는 없다.

11 진교훈(2017).
12 황상익(2017).
13 이윤정 · 이형숙(2013).
14 이고은 외(2021).
15 김만재 · 전방욱(2016).

따라서, 이 글에서는 국내 생명의료윤리 연구를 종합적으로 고찰하고자 했다. 위에서 언급한 방법론 중 텍스트 분석 방법론을 택하였다. 이미 제출된 논문의 핵심어를 활용하여 구축한 키워드 네트워크의 변화 양상을 고찰, 국내에 발표된 생명의료윤리 논문의 주제와 변화를 탐구하는 것을 목표로 설정하였다. 이를 통해 20년이 조금 넘는 국내 생명의료윤리 연구가 어떤 주제를 중심으로 다루었는지, 최근에는 어떤 주제가 두드러지고 있는지를 살피고, 생명의료윤리 발전을 위해 연구와 출판 면에서 어떤 점을 제언할 수 있는지 확인하고자 한다.

3. 키워드 네트워크 분석이란?

키워드 네트워크 분석(keyword network analysis)은 논문을 출판할 때 연구자가 스스로 제시한 핵심어를 데이터베이스화하여, 각 핵심어가 맺고 있는 관계를 대상으로 네트워크 분석을 시행하는 것이다.[16] 문헌에서 TF-IDF(Term Frequency-Inverse Document Frequency),[17] 토픽 모델(topic model)[18] 등과 같은 통계 모형을 적용하여 핵심어를 직접 도출하는 언어 네트워크 분

16 박주섭 외(2018).

17 문서에 등장하는 단어의 중요도를 통계적으로 계량하기 위해 사용하는 척도로, TF는 단어의 출현 빈도를, IDF는 단어가 출현한 문서 수의 역(엄밀히는 역수의 로그값)을 취한다. TF-IDF는 TF와 IDF를 곱하여 출현 빈도가 높은 단어와 특정 문서에서만 자주 등장하는 단어에 가중치를 부여한다. Bollacker et al.(1998).

18 어떤 주제에 관한 문헌에는 그 주제와 관련한 단어가 더 많이 등장할 것이라는 가정하에, 특정 문서 군에서만 자주 등장하는 단어 집합이 해당 문서 군의 주제를 표현한다고 보는 통계적 모형을 가리킨다. Blei(2012).

석(language network analysis)[19]과 달리, 논문 제출 시 연구자가 선정한 핵심어를 가져와서 분석을 수행한다.

본 연구의 진행 과정을 약술하면 다음과 같다. 국내에서 생명의료윤리 분야에 발간된 논문을 수집하고, 각 논문의 핵심어를 데이터베이스로 구축한다. 이를 네트워크 분석 방법론으로 분석하며, 노드(node)[20] 중심성을 토대로 어떤 핵심어가 중요한 역할을 하는지 살핀다. 중심성을 파악하는 지표로 연결 중심성(degree centrality),[21] 고유벡터 중심성(Eigenvector centrality),[22] 페이지랭크(PageRank),[23] 매개 중심성(betweenness centrality),[24] 근접 중심성(closeness centrality)[25] 등을 활용할 수 있다.[26] 노드의 개수가 많지 않은 저차원 네트워크는 네트워크의 연결 구조 등을 분석하는 것도 유의미하지만, 분석 자료가 많은 경우 연결 구조의 특성을 파악하는 것은 어렵다.

19 이수상(2014).

20 네트워크의 각 점을 가리킨다.

21 네트워크의 한 노드에 연결된 모든 선의 개수로 중심성을 평가한다.

22 네트워크에서 한 노드에 연결된 다른 노드의 중심성을 반영하여 계산한 중심성 지수이다.

23 인터넷 페이지의 중요성을 평가하기 위해 구글 창립자인 래리 페이지(Larry Page)와 세르게이 브린(Sergey Brin)이 개발한 알고리즘으로, 네트워크의 노드를 임의로 선택할 때 특정 노드에 도달하게 되는 극한 확률(limiting probability)을 계산한다. 중심성을 계산하기 위해, 노드의 연결 수와 연결된 노드의 순위를 종합적으로 고려한다.

24 네트워크의 두 노드가 이어지는 최단 경로가 특정 노드를 거쳐야 하는 확률을 통해 계산하는 중심성 지수로, 한 노드가 다른 노드를 얼마나 연결하는지의 척도가 된다.

25 한 노드에서 다른 모든 노드까지 도달하는 시간이 짧을수록 중요한 노드라고 보는 중심성 척도로, 한 노드에서 다른 노드까지의 최단 경로 길이를 평균하여 역수를 취하여 계산한다.

26 Zafarni et al.(2014).

4. 국내 생명의료윤리 연구 학술논문 수집

연구에선 국내에서 생명의료윤리를 주제로 한 5개 중요 학술지인 『한국의료윤리학회지』, 『생명윤리』, 『생명윤리정책연구』, 『인격주의 생명윤리』, 『생명, 윤리와 정책』에 실린 논문을 대상으로 핵심어를 수집, 키워드 네트워크 분석을 진행하였다. 각 학술지에 관한 설명은 표에 약술하였다(〈표1〉).

〈표1〉 국내 생명의료윤리 주제 주요 학술지

학술지명	발행기관명	연구 분야	창간 연도	발행 간기	창간 목적
『한국의료윤리학회지』	한국의료윤리학회	의약학〉의학 일반	1998	연 4회	의료윤리, 의료윤리교육, 생의학의 윤리적·법적·사회적 측면에 관한 학제적 연구[27]
『생명윤리』	한국생명윤리학회	복합학〉학제 간 연구	2000	연 2회	생명윤리 문제에 관한 다학제적 논의[28]
『생명윤리정책연구』	이화여자대학교 생명의료법연구소	서양철학〉응용윤리학	2007	연 3회	아시아·태평양 지역의 생명과학, 보건의료 영역에서 발생하는 법적·윤리적·사회적 논쟁을 다룸[29]
『인격주의 생명윤리』	가톨릭대학교 가톨릭생명윤리연구소	철학 일반〉윤리학	2011	연 2회	인격주의 생명윤리에 기초한 연구 논문 소개, 생명존중 실천운동, 보건·의료 정책 수립에 기여[30]

27 한국의료윤리학회, 학술지소개. 〈https://medicalethics.jams.or.kr/co/com/EgovMenu.kci?s_url=/sj/series/sereIntro/sjRetrieveNewSereList.kci&s_MenuId=MENU-000000000021000&accnId=〉

28 한국생명윤리학회, 학술지소개. 〈https://koreabioethics.jams.or.kr/co/com/EgovMenu.kci?s_url=/sj/series/sereIntro/sjRetrieveNewSereList.kci&s_MenuId=MENU-000000000021000&accnId=〉

29 생명윤리정책연구, About the Journal. 〈http://www.eible-journal.org/index.php/APHLE/about〉

30 가톨릭생명윤리연구소, 인격주의 생명윤리. 〈http://bioethics.catholic.ac.kr/subList/20000001159〉

『생명, 윤리와 정책』	(재) 국가생명윤리정책원	복합학〉학제 간 연구	2017	연 2회	생명윤리 관련 논의 선도, 생명 · 윤리 · 정책의 다학제적 · 복합적 성격의 학문을 다룸[31]

이 외에도 생명의료윤리 분야 연구를 수행하는 학술지로 한국환경철학회가 발간하는 『환경철학』을 꼽을 수 있으나, 해당 학술지의 경우 학술지의 초점이 환경철학으로 기술되어 있으며, 실리는 논문 또한 생명윤리 외 생태학에 관한 철학적 고찰을 다루는 경우도 많으므로 배제하였다.

연구를 위해 한국학술지인용색인(KCI)과 학술연구정보서비스(RISS)에서 각 학술지의 전체 목록과 자료를 수집하였으며, 데이터베이스에서 누락되었거나 오류가 있는 내용은 필자가 각 논문을 개별 확인하여 수정하였다. 수집은 2021년 6월 23일을 기준으로 수행하였고, 이후 7일 동안 개별 논문을 직접 확인하는 과정을 거쳤다. 수집 결과 원저 외 논평, 시론, 번역, 서평 등을 모두 포함하여 총 1,064편의 논문을 검색하였다.

분석 대상은 영문 핵심어로 선정하였는데, 국외 저자가 투고한 논문의 경우 국어 핵심어가 실려 있지 않아 다수 논문이 분석에서 누락되는 결과가 발생하기 때문이다. 참고로, 국어 핵심어가 실린 논문은 891편, 영문 핵심어가 실린 논문은 956편이었다.

31 재단법인 국가생명윤리정책원, 학술지소개. 〈https://konibp.jams.or.kr/co/com/EgovMenu.kci?s_url=/sj/series/sereIntro/sjRetrieveNewSereList.kci&s_MenuId=MENU-00000000021000&accnId=〉

5. 분석 과정

자료를 수집, 정리하고 누락된 부분은 수기로 직접 수정하였다. 핵심어 전처리 후 공출현한 어휘의 빈도를 통해 중심성 분석을 수행하였다. 여기에선 연결 중심성과 매개 중심성 분석을 수행하였는데, 이는 생명의료윤리 연구에서 어떤 주제가 중심적으로 다루어졌는지와 어떤 주제가 여러 연구를 연결하고 있는지를 확인하기 위해서였다.

군집화(clustering)를 위해서는 루뱅 방법(Louvain method)을 활용하였다.[32] 군집화란 네트워크의 하위 집단을 탐지하는 알고리즘을 의미하며, K-평균(K-means clustering)이 대표적인 방법론으로 활용된다. 그러나 분석 대상인 논문의 핵심어 수가 많고 구성된 네트워크가 다차원을 이루고 있으며 몇 개의 군집으로 묶어 내야 할지 사전에 알기 어려우므로 다른 방법론을 활용하였다. 루뱅 방법은 군집 내외의 밀도를 계산하는 모듈성(modularity)의 변화량을 바탕으로 군집을 구성하는 방법으로, 모듈성이 상승하지 않을 때까지 군집을 결합시켜 간다. 연산이 쉽고 비지도 방식(unsupervised method)이라는 장점이 있으나, 수행마다 결과물이 달라질 수 있으므로 군집화의 견고성(robustness)은 약간 떨어진다. 본 연구의 경우 군집을 형성하고 이를 종합하여 생명의료윤리의 중심 연구 주제를 고찰하는 것을 목적하였으므로, 반복 수행에서 같은 결과가 나오는 군집화 방법보다 비지도 방식으로 안정적인 결과를 도출하는 방법을 선택하였다.

또한, 연구 동향 변화를 확인하기 위해 국내 생명의료윤리 연구를 시기

32 Blondel et al.(2008).

별 3개 집단으로 나누었다. 분석 1기(1998~2008)는 국내 생명의료윤리 연구의 태동기로 보았고, 2008년까지 나눈 이유는 2006년부터 2008년까지가 황우석 사태로 인한 논문이 다수 발표되었기 때문이다. 분석 2기(2009~2015)는 국내 생명의료윤리 연구의 도약기로, 2015년은 후술하겠지만 국내 생명의료윤리 문헌이 가장 많이 발표된 시기다. 분석 3기(2016~2021)는 국내 생명의료윤리 연구의 현재 시점으로 보았다. 「연명의료결정법」이 2016년 2월 국회에서 통과되면서 생명의료윤리, 특히 의료윤리 영역에서 큰 변화가 나타났다는 점, 3세대 유전자가위 기술인 크리스퍼(CRISPR/Cas9)가 2016년부터 생명윤리에서 본격적으로 다루어지기 시작했다는 점, 2015년 메르스(MERS) 사태가 공중보건윤리에 관한 논의들을 불러오면서 2020년 코로나19 사태에서 전격적으로 확장되었다는 점이 그 이유다.

연구는 (1) 1998~2021년에 발표된 국내 생명의료윤리 논문 전체의 기술통계량을 확인한 다음, (2) 전체 논문의 키워드 네트워크를 분석하고, (3) 위에서 제시한 시기별 구분에 따른 키워드 네트워크 분석을 확인하는 단계로 진행하였다.

6. 국내 생명의료윤리 연구 문헌의 양적 평가

연구에서 수집한 1,064편의 논문을 학술지와 출판 연도에 따라 살펴보았다(〈그림 1〉). 1998년에 『한국의료윤리학회지』를 시작으로 『생명윤리』, 『생명윤리정책연구』, 『인격주의 생명윤리』, 『생명, 윤리와 정책』이 논문을 출판하였다. 5개 학술지 총합으로 가장 많은 논문이 출판된 연도는 2015년(81

편)이며, 이후 2017년에 『생명, 윤리와 정책』이 지속하여 논문을 출판하고 있으나 전체적으로 논문 출판 편수는 감소하는 경향을 보인다. 자료 수집 시점인 2021년 6월에는 아직 각 학술지가 논문을 막 출판하고 있는 시점이므로, 해당 연도(2021)의 출판 편수 경향성은 아직 확인되지 않았다.

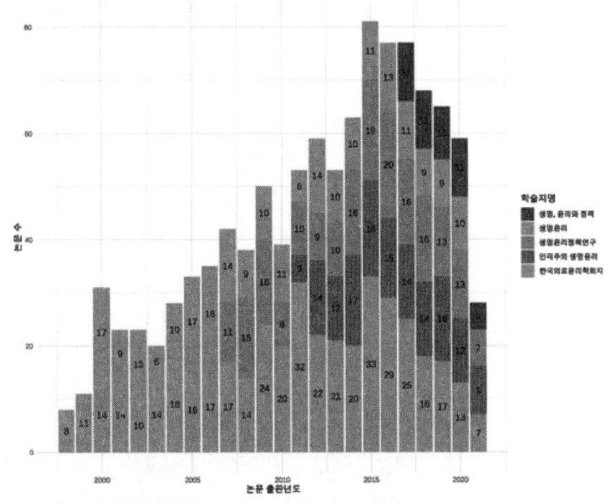

〈그림 1〉 국내 생명의료윤리 5개 학술지 논문의 출판년도에 따른 논문 수

다음, 각 논문에 제시된 영문 핵심어의 빈도를 확인하였다(〈표2〉). 영문 핵심어가 있는 956편의 논문에 제시된 영문 핵심어는 중복을 포함하여 총 4,737개였다.

〈표2〉 영문 핵심어(한글 핵심어)의 출현 빈도

<table>
<tr><th>순위</th><th>영문 핵심어</th><th>n</th><th>순위</th><th>영문 핵심어</th><th>n</th></tr>
<tr><td>3</td><td>research ethics</td><td>44</td><td>12</td><td>education</td><td>17</td></tr>
<tr><td>4</td><td>medical ethics</td><td>43</td><td rowspan="3">13</td><td>COVID-19</td><td rowspan="3">15</td></tr>
<tr><td>5</td><td>Institutional Review Board</td><td>35</td><td>euthanasia</td></tr>
<tr><td>6</td><td>Bioethics and Safety Act</td><td>30</td><td>nurse</td></tr>
</table>

7	autonomy	29	14	biomedical ethics	14
8	ethics	28		clinical trial	
9	abortion	20		death	
10	self determination	19		decision making	
11	advance directives	18		privacy	
	human dignity			professionalism	

전체 핵심어에서 가장 많이 출현한 것은 생명윤리(70회)였다. 연구윤리(44회), 의료윤리(43회) 또한 다수 출현한 것을 확인하였다. 단, 이런 핵심어는 연구 대상에서 다수 출현할 것이 당연히 기대되는 어휘로서, 그 자체로 의미 값은 없다고 하겠다. 단, 의료윤리보다 생명윤리에 관한 연구가 많이 진행되었다는 사실에 주목할 필요가 있으며, 이는 이후 확인할 중심성 지수와 함께 한국 생명의료윤리 연구의 방향성을 보여주는 결과이다.

충분한 설명에 의한 동의(58회), 기관생명윤리위원회(35회), 생명윤리법(30회), 자율성(29회), 임신중절(20회), 자기결정권(19회), 사전의료의향서(18회), 존엄성(18회), 코로나19(15회), 안락사(15회), 간호사(15회) 순으로 핵심어가 빈출한 것을 확인할 수 있었다. 이런 핵심어는 국내 생명의료윤리 연구의 기본적인 방향성을 보여주는 것이자, 이 수치만으로도 어떤 주제가 중요하게 다루어졌는지 확인할 수 있다.

7. 전체 키워드 네트워크 분석

전체 핵심어의 동시 출현 네트워크를 구성, 해당 네트워크를 군집화하고

각 군집의 다빈도 어휘를 통해 주제를 정하였다(〈표3〉). 루뱅 방법으로 구성된 군집은 총 117개였으나 22개를 넘어가는 군집의 경우 군집을 구성하는 핵심어의 개수가 적어(10개 미만) 별도로 표시하지 않았다. 각 군집의 주제는 연구자가 일차로 설정하였으며, 연구와 무관한 생명의료윤리 연구자에게 검토를 부탁하여 검증하였다.

〈표3〉 키워드 네트워크 분석에서 22개의 군집을 구성하는 핵심어와 주제어

autonomy	medical ethics education	end of life care	human	decision making
informed consent	medical ethics	ethics	bioethics	biomedical ethics
autonomy	professionalism	advance directives	embryo	paternalism
Institutional Review Board	professional ethics	end of life care	life	personalism
Bioethics and Safety Act	medical ethics education	nurse	artificial intelligence	medical decision making
privacy	nursing ethics	attitude	love	shared decision making
research	medical professionalism	nurses	gene	relational autonomy
consent	ethics education	bioethics education	identity	patient autonomy
IRB	Peter Singer	knowledge	body	doctor patient relationship
precision medicine	Curriculum	moral sensitivity	dignity of human life	ethics committees
big data	UNESCO	nursing	pregnancy	empathy
withholding treatment	**virtue ethics**	**euthanasia**	**research ethics**	**genome editing**
self determination	decision making	euthanasia	research ethics	gene therapy
life sustaining treatment	virtue ethics	death	COVID-19	responsibility
hospital ethics committee	safety	clinical trial	distributive justice	CRISPR/Cas9
institutional ethics committee	risk	catholic church	research ethics education	eugenics

Act on Hospice and Palliative Care and Decisions on life Sustaining Treatment for Patients at End of Life	qualitative research	evaluation	ethical decision making	human embryo research
balance	Do-not-resuscitate	sanctity of life	Hwang Woo-Suk	genetic engineering
clinical ethics consultation	individualism	life prolonging treatment	Helsinki Declaration	media reporting
child abuse	vulnerability	indirect euthanasia	public health ethics	right to know
Act on Life Sustaining Treatment Determination	cognitive enhancer	comprehension	fast track	genethics
best interest	terminal care	hospice palliative care	human embryo cloning	genome editing
neuroethics	reproduction	transplantation	abortion	dignity
Education	assisted reproductive technology	xeno-transplantation	abortion	human dignity
Biotechnology	social justice	utilitarianism	emergency contraceptive pill	health law
Neuroethics	right to self determination	organ donation	technology	person
Neuroscience	surrogate mother	brain death	culture of death	national bioethics committee
ELSI	gamete	legislation	sex education	Korea
pain	assisted reproduction	nursing student	culture of life	eternal life
understanding	reproduction	in vitro fertilization	contraception	right to life
fourth industrial revolution	principle of proportionality	animal rights	feminism	international human rights
recognition	legal parenthood	organ transplant	birth control pill	embryo cloning
enhancement	Bioethics and Safety Law	organ transplantation	mother and child health act	Imago Dei
conflict of interest	stem cell research	bioscience regulation	rights of patients	common good
conflicts of interest	stem cell research	regulation	human rights	justice
conflict of interest	clinical trials	principles of biomedical ethics	right to health	healthcare

physician pharmaceutical industry interaction	ethical issues	human cloning	liability	common good
IRB Institutional Review Board	review	social consensus	constitution	sympathy
authorship	integrity	ethical judgement	patient safety	health care
evidence based practice	protection of human subjects	society	Universal Declaration on Bioethics and Human Rights	treatment
publication ethics	stem cell lines	common morality	disclosure	aging
peer review	experimental drugs	pluralistic society	medical professionals	liberal individualism
protection for minors	investigational drugs	animal cloning	physical restraints	lonely death
prevention of child abuse	fundamental rights	critical thinking	critical care nursing	alienation

community perception	pharmaceutical regulation
on-line survey	Pharmaceutical Affairs Act
internet	online pharmacy
hospital ethics committees	FDA
ethical conflict	clinical trial institution
clinical ethics committees	human research protection program
public health emergency	electronic cigarette
ethical problem	E-cigarette
social responsibility	vapor
nurses perception	E-cig
licensure	vape

총 22개의 군집에서 확인할 수 있는 주제는 자율성, 의료윤리 교육, 말기 의료, 인간, 의사결정, 치료 중단, 덕윤리, 안락사, 연구윤리, 유전자 조작, 신경윤리, 재생산, 장기이식, 임신중절, 존엄성, 이해 충돌, 줄기세포 연구, 생명과학 규제, 환자 권리, 공동선, 공동체 인식, 제약학 규제였다.

다음, 핵심어의 연결 중심성과 매개 중심성을 확인하였다(〈표4〉). 연결 중심성이란 한 노드에 연결된 모든 연결선의 개수를 센 것으로, 순위가 높은 노드는 다른 노드와 다수 연결된 중심의 역할을 수행한다. 매개 중심성이란 한 노드가 다른 두 노드의 최단 경로에 포함된 횟수를 센 것으로, 매개 중심성이 높은 노드는 다른 노드를 연결하는 중개자(broker)의 역할을 수행한다.

〈표4〉 영문 핵심어의 연결 중심성(centrality)과 매개 중심성(betweenness)

Keyword	centrality	Keyword	betweenness
bioethics	494	bioethics	830249
informed consent	420	informed consent	516680.8
research ethics	276	medical ethics	412161.7
medical ethics	272	autonomy	302974.6
institutional review board	254	research ethics	289996.9
bioethics and safety act	252	human dignity	195203.1
autonomy	214	institutional review board	186712.6
ethics	166	bioethics and safety act	181142.8
abortion	160	ethics	173692.4
human dignity	152	self determination	168233.9
self determination	150	abortion	161146.7
education	120	euthanasia	128983.9
embryo	118	professionalism	96496.61
euthanasia	118	gene therapy	96160.13
death	112	decision making	95014.5
COVID-19	110	education	89741.25
advance directives	110	human rights	89529.48
virtue ethics	108	advance directives	88288.34
privacy	108	embryo	86233.53
biomedical ethics	96	death	83897.11

마찬가지로 전술한 기본 다빈도 어휘 외에 연결 중심성이 높은 핵심어로, 충분한 설명에 의한 동의(420), 기관생명윤리위원회(254), 생명윤리법(252), 자율성(214), 임신중절(160), 존엄성(152), 자기결정권(150), 배아(118), 안락사(118), 죽음(112), 코로나19(110), 사전의료의향서(110), 덕윤리(108), 프라이버시(108)를 확인할 수 있었다. 출현 빈도와 비교할 때, 죽음, 코로나19, 덕윤리, 프라이버시가 높은 순위에 올라와 있음을 확인할 수 있다.

다음, 매개 중심성이 높은 핵심어로, 충분한 설명에 의한 동의(516680.8), 자율성(302974.6), 존엄성(195203.1), 기관생명윤리위원회(186712.6), 생명윤리법(181142.8), 자기결정권(168233.9), 임신중절(161146.7), 안락사(128983.9), 전문직업성(96496.61), 유전자 치료(96160.13), 의사결정(95014.5), 인권(89529.48), 사전연명의료의향서(88288.34), 배아(86233.53), 죽음(83897.11)을 확인할 수 있었다. 출현 빈도 및 연결 중심성과 비교할 때, 자율성과 존엄성의 순위가 최상위에 위치하게 되었으며, 전문직업성, 유전자치료, 의사결정, 인권 등이 높은 순위에 등장했다는 특징을 보였다.

8. 기간별 키워드 네트워크 분석

앞서 설정한 기간에 따른 키워드 네트워크 분석의 경우 군집화는 별도로 결과를 보지 않고, 네트워크를 도시한 뒤 연결 중심성과 매개 중심성을 파악하는 데에 집중하였다. 이는 세 군집으로 나누었을 때 논문 편수가 2기로 편중되어 군집을 수치화하여 구성하더라도 의미 해석에 난점이 있기 때문이었다.

다음은 기간에 따른 키워드 네트워크의 변화이다(〈그림 2〉).

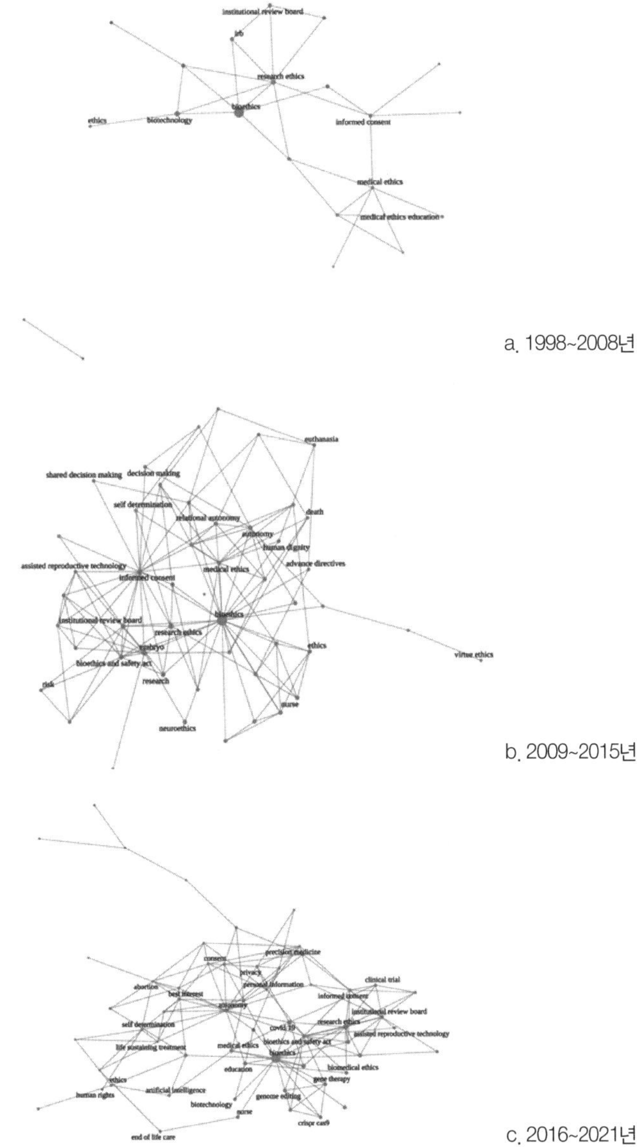

〈그림 2〉 기간별 키워드 네트워크의 변화*

* 가시성을 위해 연결 중심성 < 30인 노드는 생략하였음

1기 생명윤리의 기초적인 논의(기관생명윤리위원회, 충분한 설명에 의한 동의, 의료윤리 교육)에 머물던 연구 네트워크는 2기, 3기로 가면서 다변화하고 확장하는 것을 네트워크 시각화에서도 충분히 확인할 수 있다. 특히, 3기로 가면서 연구 주제가 유전자 조작, 인공지능, 코로나19, 프라이버시 등으로 다양화하는 모습이 확인된다.

다음은 시기에 따른 중심성의 변화를 나타낸 것이다(〈표5〉, 〈표6〉).

〈표5〉 시기별 연결 중심성에 따른 핵심어 순위

1998-2008		2009-2015		2016-2021		all	
bioethics	110	bioethics	242	bioethics	188	bioethics	494
informed consent	104	informed consent	224	Bioethics and Safety Act	152	informed consent	420
research ethics	100	medical ethics	130	research ethics	142	research ethics	276
Institutional Review Board	96	Bioethics and Safety Act	112	Institutional Review Board	136	medical ethics	272
ethics	78	embryo	94	informed consent	132	Institutional Review Board	254
medical ethics	76	human dignity	88	autonomy	126	Bioethics and Safety Act	252
IRB	50	autonomy	80	abortion	120	autonomy	214
medical ethics education	46	advance directives	78	COVID-19	110	ethics	166
biotechnology	40	death	74	medical ethics	80	abortion	160
professionalism	38	self-determination	72	education	64	human dignity	152
stem cell research	38	research ethics	68	self-determination	62	self-determination	150
professional ethics	38	virtue ethics	68	privacy	56	education	120
gene therapy	38	decision making	60	human rights	56	embryo	118
ethics education	38	ethics	60	life sustaining treatment	54	euthanasia	118
consent	36	euthanasia	60	artificial intelligence	50	death	112
human dignity	32	Institutional Review Board	58	genome editing	48	COVID-19	110
xenotransplantation	32	assisted reproductive technology	54	nurse	48	advance directives	110
paternalism	32	research	50	gene therapy	46	virtue ethics	108

brain death	32	relational autonomy	46	clinical trial	44	privacy	108
biomedical ethics	30	shared decision making	44	CRISPR/Cas9	42	biomedical ethics	96

〈표6〉 시기별 매개 중심성에 따른 핵심어 순위

매개 중심성 단위: 1,000* * 천 단위 이하는 버림

1998-2008		2009-2015		2016-2021		all	
research ethics	53	bioethics	221	autonomy	139	bioethics	830
informed consent	48	medical ethics	124	bioethics	137	informed consent	516
bioethics	36	informed consent	121	Bioethics and Safety Act	82	medical ethics	412
medical ethics	31	human dignity	50	abortion	69	autonomy	302
ethics	21	Bioethics and Safety Act	48	COVID-19	69	research ethics	289
professionalism	18	ethics education	43	self-determination	53	human dignity	195
human dignity	16	xenotransplantation	39	medical ethics	48	Institutional Review Board	186
Institutional Review Board	15	advance directives	39	research ethics	48	bioethics and safety act	181
biotechnology	13	autonomy	36	privacy	41	ethics	173
on-line survey	9	risk	31	informed consent	38	self-determination	168
stem cell research	9	embryo	30	education	37	abortion	161
medical ethics education	7	public attitude	28	Institutional Review Board	35	euthanasia	128
biomedical ethics	7	self-determination	26	human rights	29	professionalism	96
professional ethics	7	death	26	health	24	gene therapy	96
xenotransplantation	7	regulation	25	artificial intelligence	24	decision making	95
human cloning	7	decision making	23	nurse	24	education	89
autonomy	7	physician-pharmaceutical industry interaction	20	life sustaining treatment	22	human rights	89
gene therapy	6	research ethics	19	utilitarianism	21	advance directives	88
ethics education	6	ethical issues	19	liberalism	20	embryo	86
euthanasia	6	euthanasia	19	individualism	16	death	83

시기별 연결 중심성에선 (1) 1기 상위권에 위치하던 의료윤리 교육과 전문직업성이 2, 3기에선 사라졌다는 점, (2) 전 시기에 걸쳐 연구윤리 관련 주제(기관생명윤리위원회, 생명윤리법 등)가 계속 중요하게 다루어졌다는 점, (3) 1기에서 2기로 가면서 존엄성과 연명의료에 관한 논의가 확대되다가 3기에선 뒤로 밀려난다는 점, (4) 3기에서 임신중절, 코로나19, 프라이버시, 인공지능 등의 주제가 부각된다는 점이 눈에 띈다.

시기별 매개 중심성에선 (1) 1기에 전문직업성이 상당히 높은 순위에 있다는 점(즉, 전문직업성 논의가 여러 연구를 연결하고 있음), (2) 1기에서 상위권에 있던 기관생명윤리위원회가 2기에선 순위 밖으로 밀려났다는 점(연결 중심성에선 상위권에 있으나 매개 중심성에서 밀려났으므로, 그 자체로는 중요한 연구주제이지만 다른 주제와 연결하여 다루어지는 빈도는 낮아졌음을 의미), (3) 2기에선 연명의료(사전의료의향서), 규제(위험, 대중의 태도, 규제), 이해 충돌(의사-제약 회사 관계)이 연구 주제를 연결한다는 점, (4) 3기에서 생명윤리를 누르고 자율성이 매개 중심성에서 가장 높은 핵심어로 등장하며 연결된 주제들(임신중절, 자기결정권, 프라이버시) 또한 상위권에 위치하여 여러 연구를 연결하는 것이 드러난다는 점이 주목할 만하다.

9. 국내 생명의료윤리 연구 현황의 양적 분석 결과

우선, 전체 키워드 네트워크에서 추출한 22개의 군집은 23년간의 국내 생명의료윤리 연구에서 다양한 주제가 논의됐음을 보여준다. 군집에서 추출한 주제를, 외국 생명의료윤리 학술지를 대상으로 한 분석[33]이 선정한 열 가지 연구 분야로 다시 분류하였다(〈표7〉).

〈표7〉 생명의료윤리 연구 분야에 따른 군집 주제 재분류

생명의료윤리 일반	임상윤리	연구윤리	생명공학윤리	공중보건윤리
인간	말기의료	자율성	유전자 조작	
덕윤리	의사결정	연구 윤리	재생산	
존엄	안락사	이해충돌	이식	
환자 권리	임신중절		줄기세포 연구	
공동선				
공동체 인식				
신경윤리	**전문가윤리**	**법과 생명윤리**	**종교 생명윤리**	**환경윤리**
신경윤리	의료윤리 교육	치료 중단		
		생물과학 규제		
		약품 규제		

생명의료윤리 일반에 관한 논의는 다양하게 이루어지고 있으며 중요한 주제도 풍부하게 다루어졌음을 확인할 수 있다. 그러나 이론적 차원에서 덕윤리 외에 다른 이론이 반복적으로 다루어지지 않았다는 것 또한 확인하였다. 이미 결의론(casuistry)이나 공통 도덕성(common morality)에 관한 논의가 진행되고 있으나, 유의한 수준까지 올라오지 못한 것으로 보인다.

임상윤리, 연구윤리, 생명공학윤리, 법과 생명윤리의 경우 중요한 주제들이 이미 충분히 다루어지고 있다. 한국 생명의료윤리가 점하고 있는 특성상 국제 보건과 관련한 생명의료윤리적 논의나 인공지능, 빅 데이터 관련 연구

33 Jin & Hakkarinen(2017).

가 빠르게 발전할 것으로 보이며, 이들 영역은 아직 논의 기간이 짧아 주제 군집에선 확인되지 않았다.

공중보건윤리는 최근 코로나19와 관련하여 관심도가 높아지고 있다. 그러나 그동안 국내 생명의료윤리 연구의 중심 주제는 아니었다. 신경윤리 일반에 관한 논의는 뇌과학, 중강, ELSI 등으로 시작되었으나 아직 많지 않다. 전문가윤리 또한, 의료윤리 교육에 방점을 찍고 있어 전문직업성의 이론 및 실천에 관한 논의나 새로운 전문가윤리의 구성에 관한 논의는 잘 등장하지 않는다.

종교 생명윤리는 가톨릭 생명윤리 외 불교나 기독교의 논의를 논문에서 찾아보기는 어렵다. 2004년 한국기독교생명윤리협회가, 2012년 불교생명윤리협회가 창립되었으므로 관련 논의가 확충될 수 있을 것이나, 아직 연구 영역에서 종교 각각의 관점이 모이지는 못했다고 할 것이다. 마지막으로 환경윤리는 최근 중요성이 두드러지고 있으나 관련 논의는 전술한 『환경철학』에 집중되어 5개의 생명의료윤리 학술지에선 거의 찾아보기 어렵다.

전체 키워드 네트워크의 중심성에서 볼 때, 주목받는 주제는 다음과 같다(〈표8〉).

〈표8〉 중심성에서 두드러지는 연구 주제

연결 중심성	매개 중심성
연구(동의, IRB, 생명윤리법)	전문직업성
자율성(자율성, 존엄, 임신중절, 자기결정권, 태아, 안락사, 죽음, 사전의료의향서)	유전자치료
프라이버시(프라이버시, 코로나19)	의사결정(의사결정, 인권)
덕윤리	

연결 중심성에서 두드러지는 핵심어인 연구는 국내 생명의료윤리 담론의 중심을 이룬다. 자율성 관련 주제들 또한 중요하게 다뤄지고 있는데, 이는 현대 생명의료윤리 담론이 자율성에서 출발했다는 것을 잘 보여준다고 하겠다. 프라이버시는 코로나19나 인공지능, 빅 데이터 등과 관련하여 최근 강조되는 주제이다. 덕윤리는 국내의 이론적 지평에서 중요하게 다루어지고 있으며, 이는 현대사회 일반에서 나타난 도덕적 삶을 향한 관심과 함께 동양의 수양론적 전통에 연결되어 있음을 생각해 볼 수 있다.[34]

한편, 매개 중심성에서 주목받는 핵심어는 여러 연구를 매개하는 주제다. 전문직업성은 윤리 교육, 전문직윤리, 생명공학을 연결한다. 유전자치료는 생명공학, 환자 자율성, 임상윤리를 연결하는 주제로 기능한다. 의사결정은 말기의료, 임신중절, 환자 자율성, 연구윤리를 연결하는 주제로 나타난다는 것을 확인할 수 있다.

시기별 연결 중심성의 변화에서 두드러지는 연구 주제는 다음과 같다(〈표9〉).

〈표9〉 시기별 연결 중심성에서 두드러지는 연구 주제

1998-2008	2009-2015	2016-2021
연구윤리 (동의, 연구윤리, IRB, 생명공학, 줄기세포)	연구윤리 (동의, 생명윤리법)	연구윤리 (생명윤리법, IRB, 동의)
의료윤리 교육 (교육, 전문직업성)	자율성 (태아, 존엄, 자율성, 사전의료의향서, 죽음)	자율성 (자율성, 임신중절)
자율성 (동의, 존엄성, 후견주의)	덕윤리	프라이버시 (프라이버시, 인권)

34 황경식(2012).

연구윤리 관련 주제는 국내 생명의료윤리 연구에서 전 시기에 걸쳐 중요성을 차지하고 있다. 한편, 1기 교육이 강조되다가 2기, 3기로 가면서 자율성이 강조되었음을 확인할 수 있고, 2기에는 덕윤리, 3기에는 프라이버시가 중요한 주제로 상승하였다는 것을 알 수 있다.

한편, 시기별 매개 중심성을 통해 엿볼 수 있는 주제는 다음과 같다(〈표 10〉).

〈표10〉 시기별 매개 중심성에서 부각되는 연구 주제

1998-2008	2009-2015	2016-2021
공동체 인식 (온라인 설문)	생명의료 기술 (이종이식)	자율성 (자율성, 자기결정권)
생명의료 기술 (이종이식, 인간 복제)	규제 (위험, 대중의 태도, 규제)	신기술 (코로나19, 인공지능)
	이해 충돌 (의사-제약 회사 관계)	프라이버시 (프라이버시, 인권)

1기에선 전문가 공동체의 생명의료윤리에 관한 인식 조사와 생명의료 기술에 관한 논의가 여러 연구를 연결하고 있다가, 2기에 생명의료 기술 논의가 매개자로서 중요한 위치를 차지한다. 한편, 규제 관련 논의와 이해 충돌이 여러 연구를 연결하고 있음을 확인할 수 있다. 3기에선 신기술과 감염병, 그와 관련된 프라이버시에 관한 논의가 매개자로서 역할을 수행한다.

정리하면, 국내 생명의료윤리 연구에서 여러 연구 주제가 등장하였으나 공중보건윤리, 신경윤리, 전문가윤리, 종교 생명윤리, 환경윤리 논의는 그 빈도가 낮은 것을 확인하였다. 시기별로는 연구윤리가 계속 중요한 주제였으며, 시간이 흐르면서 점차 자율성과 프라이버시에 관한 논의가 강조되었다. 한편, 규제, 이해 충돌, 신기술이 여러 연구를 연결하는 역할을 수행하는 것을 확인하였다.

10. 국내 생명의료윤리 연구 동향에 관한 제언

본 연구는 국내 생명의료윤리 연구 현황을 포괄적으로 고찰하였으며, 이런 연구는 이전에 시행된 적이 없고 이후 생명의료윤리 연구의 방향성 설정에 도움을 줄 수 있다는 점에서 의미가 있다.

향후 국내 생명윤리연구 문헌의 연구 성과를 더 정밀하게 파악하기 위해선 학술지가 핵심어를 어느 정도 선정하여 제시할 필요가 있어 보인다. 국외 생명의료윤리 영역 학술지는 의학주제표목(MeSH)[35] 용어를 사용하도록 강제(『Journal of Medical Ethics』)하거나 해당 용어 선택을 권장(『Hastings Center Report』, 『American Journal of Bioethics』)하고 있으며, 이에 따라 논문의 양적 분석도 비교적 용이하게 이루어질 수 있는 편이다. 물론, 이런 방식은 단점도 지니는바, 생명의료윤리 연구가 다루는 영역이 계속 변화하고 있으나 MeSH 용어 등이 변화에 빠르게 대처하지 못하므로 연구자가 비슷한 용어를 억지로 선택해야 하거나, 특정 연구자에 관한 논의나 저술에 관한 고찰 등을 발표하는 경우 핵심어 선정이 연구 내용과 일치하지 않을 수 있다. 따라서, 어느 정도는 학술지가 핵심어 선택의 지침을 제공하되, 너무 엄격한 방식으로 운용하는 것은 피하는 것이 좋을 것으로 보인다.

2020년을 기준으로 코로나19가 보건의료 영역 전반의 화두가 되었고, 다수 논문이 집중적으로 발표되는 현상을 빚었다. 한 기사에 따르면, 코로나19 관련 논문의 수가 이미 2020년에만 20만 건에 가깝게 발표되었다고 할

35 미국 국립의학도서관이 정하는 의학 분야의 주제명 표목으로, 문헌 관리를 위해 내용을 나타내는 적절한 용어를 미리 선정해 놓은 것이다. 이 표목을 활용함을 통하여 문헌 검색과 관리를 용이하게 할 수 있다.

정도이다.[36] 이렇게 특정 주제로 논문이 편중되는 것도 전반적인 연구 역량과 주제의 다양성 면에서 문제가 될 수 있으므로, 각 학술지는 중요한 주제를 선정하여 논문을 투고받는 전략을 택할 필요가 있어 보인다. 특히, 기존에 계속 다루어져 온 생명윤리법, 기관생명윤리위원회, 자율성, 인간 대상 연구, 충분한 정보에 의한 동의, 개인정보 보호 등 외에, 본 연구가 확인한 것과 같이 아직 충분한 연구가 이루어지지 않은 영역인 공중보건윤리, 신경윤리, 환경윤리나 아직 많이 다루어지지 않은 분야인 경험 생명윤리학(empirical bioethics), 소아나 노인의 자율성 문제, 코로나19 외에 에이즈나 결핵과 같은 감염병 문제, 기술 발전으로 인한 쟁점들(인공장기, 인간-동물 하이브리드, 디지털 헬스케어) 등을 논의할 필요가 있어 보인다.

11. 나가는 말

본 연구는 국내 생명의료윤리 연구의 전체적인 동향을 파악하고자, 1998년부터 2021년 초까지 국내 5개 생명의료윤리학 학술지에 발표된 논문을 전부 수집하여 키워드 분석 기법을 적용하였다. 분석 결과, 국내의 생명의료윤리 연구는 주로 연구윤리에 초점을 맞추어 이루어져 왔고, 초기에는 의료윤리 교육에 관한 주제가 탐구되다가 곧 자율성 담론에 관한 논의가 다음으로 중요성을 부여받았다는 것을 확인하였다. 한편, 이론적 차원에선 미국 등에서 대안의 하나로만 다루어진 덕윤리가 연구에서 상당한 주목을 받은

36 Else(2020).

것이 특징적이라 하겠고, 최근 프라이버시 관련 담론이 그 중요성을 더하고 있다는 사실에 주목할 필요가 있다.

물론 관련 연구가 상당수 이루어졌을 터이나, 키워드 분석에선 공중보건윤리, 종교 생명윤리, 환경윤리에 관한 논의는 주목받지 못했다. 또한, 신경윤리나 전문가윤리 영역은 연구는 있으나 그 하부 영역이 다변화하지 않았다는 사실 또한 살폈다. 연구의 다양성이 절대적인 가치가 있다고 할 수는 없으나, 모두 현재 충분한 연구가 필요한 분야이므로 연구자 집단의 관심을 환기하고, 각 학술지가 해당 호의 특집 주제를 편성하는 전략을 활용하는 것을 제언하였다.

생명의료윤리 연구 논문이 다른 학술지에도 다수 발표되고 있으나 본 연구에서는 생명의료윤리 연구를 중심으로 하는 5개 학술지의 출판 논문만을 살폈기에 국내의 생명의료윤리 연구를 총망라한 것이라고 말할 수 없다는 한계가 있다. 그러나 이 선택은 다소 의도적인데, 국내 출판된 모든 문헌을 대상으로 하기 위해선 '생명윤리', '의료윤리', '연구윤리' 등을 핵심어로 하여 검색된 논문을 연구 대상으로 설정해야 한다. 그러나 생명윤리 분야의 연구라고 하여 무조건 핵심어로 생명윤리를 선택하지 않으므로, 검색으로 대상 논문을 선정해도 빠져나가는 논문이 생기기 마련이다. 따라서, 본 연구에서 밝힌 것은 국내 주요 생명의료윤리 학술지의 연구 경향이며, 국내 생명의료윤리 연구의 전체 방향은 아니다.

20년이 조금 넘은 한국 생명의료윤리 연구는 이제 막 청년기로 들어섰다고 해도 좋을 것 같다. 연명의료, 임신중절, 유전자 조작, 코로나19 등이 사회 전반에서 논쟁을 불러일으키는 쟁점이 되면서 생명의료윤리에 관한 관심도 그 크기와 폭을 넓혀 가고 있다. 생명의료윤리 연구의 다음 20년을 준

비하기 위한 기초 작업으로서, 본 논문이 적게나마 이바지할 수 있기를 바란다.

일본 의철학과 의료윤리 연구 동향*

이은영_ 경희대학교 인문학연구원 HK+통합의료인문학연구단
HK연구교수

김세희_ 경희대학교 철학과 박사수료

* 이 글은 「일본 의철학 · 의료윤리 연구의 현황과 과제: 일본 의학철학 · 윤리학회의 활동과 학술지 게재 논문을 중심으로」(『의철학연구』 31, 2021)를 수정 · 보완한 것이다.

1. 머리말

일본과 우리나라는 지리적으로 근접한 동아시아 국가로서 전통과 문화를 상당 부분 공유한다. 그렇기에 우리나라의 생명의료 정책이나 지침, 제도, 법을 마련하는 과정에서 일본의 경우는 좋은 참고가 되며, 이런 방면으로는 일본의 현황을 살펴본 국내 연구들이 있다.[1] 그러나 일본의 의철학과 의료윤리 연구 현황을 살펴본 연구는 드물다. 권복규(2018)가 중국, 타이완, 일본, 한국을 묶어서 동아시아 생명의료윤리학 약사(略史)를 논한 정도에 그친다.[2] 한국과 일본은 주로 서양의 의철학과 의료윤리에 바탕한 연구를 하고 있으며, 역사적 · 문화적 · 사상적 배경이 비슷한 동아시아 국가라는 공통점이 있다. 그러나 지진으로 인한 재해 경험이 많은 일본은 한국과는

1 정연철(2008)은 일본과 독일 중심으로 장기이식에 대해 헌법적으로 고찰하는 연구를 했고, 김보배(2015)는 일본의 재생의료안전법을 연구했고, 오호철 · 김한이(2019)는 일본의 특정배아지침 개정을 연구했다. 이러한 연구들은 대개 한국에서도 관련 지침이나 강령, 규제, 법 제정 및 개정이 필요하기 때문에 이루어졌다.

2 그밖에 일본인에 의해 작성되었지만 국내에 발표된 연구로 일본의 의료윤리와 사생관을 다룬 마루야마 마사미(2016), 연구윤리 중심으로 일본의 생명의료윤리를 살펴본 미야가와 타쿠야 · 김옥주(2008)가 있다.

다른 지리적 조건에 처해 있고, 한국보다 먼저 고령사회에 진입했으며, 의철학과 의료윤리 논쟁을 불러일으킨 구체적인 사건도 한국과는 다르다. 따라서 일본의 의철학과 의료윤리 연구에서 볼 수 있는 한국과의 흥미로운 동이점(同異點)은 우리나라의 연구에도 시사하는 바가 있으리라 생각한다. 여기에서는 일본의학철학・윤리학회(日本医学哲学・倫理学会)의 활동을 중심으로 전반적인 의철학과 의료윤리의 연구 현황을 개관함으로써 향후 세부적인 주제들을 심도 있게 논하고 우리나라의 논의와 비교 고찰하는 후속 작업의 발판을 마련하고자 한다.

먼저 2장에서는 일본 의철학과 의료윤리 연구의 역사를 간략히 개관하겠다. 그리고 3장에서는 최근 10년간(2011-2020)의 연구 현황을 일본의 의철학, 의료윤리 연구를 주도하고 있는 일본의학철학・윤리학회(日本医学哲学・倫理学会)의 활동과 학회 학술지 게재 논문 위주로 살펴보겠다. 지난 10년간 개최한 학술대회를 통해 일본 학계에서 관심을 갖고 주력한 연구 주제를 확인하고, 학회의 학술지 『의학철학・의학윤리(医学哲学·医学倫理)』와 영문 학술지 『헬스케어와 의학의 철학과 윤리(*Journal of Philosophy and Ethics in Health Care and Medicine*)』, 간토 지부 학회지 『의료와 윤리(医療と倫理)』, 규슈 지부 학회지 『인간과 의료(人間と医療)』에 게재된 논문들을 통해 연구 현황을 파악하겠다. 최근 10년간의 연구 현황은 생명공학과 의료 기술의 발달로 새롭게 등장한 주제들에 대한 연구, 고전적인 주제들에 대한 연구, 일본의 특수성이 반영된 연구로 나누어서 살펴보겠다.

2. 2010년까지의 일본 의철학과 의료윤리 연구사

1) 의철학 연구

의철학(醫哲學)이란 의학의 본질, 질병과 건강의 개념 등을 철학적으로 연구하는 학문이다.[3] 일본에서는 '의철학(医哲学)'보다는 '의학철학(医学哲学)'이라는 표현을 쓴다. 간혹 '의(醫)의 철학(医の哲学)'이라는 표현도 보인다. 일본의 의철학 연구는 1941년 멘느 드 비랑(Maine de Biran)과 앙리 베르그송(Henri Bergson) 중심으로 프랑스 철학을 연구한 철학자 오모다카 히사유키(澤瀉久敬, 1904-1995)가 오사카대학 의학부에서 의학개론(医学概論) 강의를 개설하면서 시작되었다. 그가 '의학개론'이라는 이름으로 개설한 강의는 의학이란 무엇인지를 근본적으로 묻는 것, 즉 의학에 대해 철학적으로 반성하는 것이었다.[4] 그는 의학개론이 의학이라는 학문의 올바른 진보와 좋은 의사를 만들고 국민 전체의 삶에 더 많은 행복을 가져오는 데 필요하다고 보았다.[5]

오모다카 히사유키는 강의를 하면서 『의학개론』 3부작을 저술했다. 『의학개론 제1부-과학에 대하여(医学概論 第一部-科学について)』를 1945년 발간했고, 『의학개론 제2부-생명에 대하여(医学概論 第二部-生命について)』를

3 杉岡良彦(2005), 116쪽. 전통적인 철학에 근거하여 생명, 죽음, 신체, 건강, 질병을 논한 것들도 의철학적 연구로 보아야겠지만, 여기에서는 논의의 범위를 근대적인 형태의 의철학 연구에 한정하겠다.

4 杉岡良彦(2005), 116쪽 참고.

5 오모다카 히사유키(澤瀉久敬)/신정식 역(1991a), 5쪽.

1949년 발간했다. 마지막으로 『의학개론 제3부-의학에 대하여(医学概論 第三部-医学について)』를 1959년 발간했다. 그의 의철학은 부제에도 나타나듯이 과학론, 생명론, 의학론 세 부분으로 구성된다. 그는 의학을 제대로 이해하려면 의학의 기초인 자연과학에 대한 이해가 선행되어야 한다고 보았다. 그래서 과학론에서 과학을 반성하는 작업, 즉 과학의 본질 · 가치 · 한계를 논하는 작업을 먼저 했다.[6] 그리고 의학의 대상은 생물학적 인간만이 아니라 생로병사로 괴로워하는 인간이기에 이어서 생명론에서 과학적으로뿐만 아니라 철학적, 전체적으로 생명을 밝혔다. 그리고 이렇게 과학에 대한 반성, 생명에 대한 반성의 작업을 거친 후 의학에 대한 반성인 의학론으로 나아갔다.[7]

오모다카 히사유키의 의철학을 간략히 살펴보면, 그는 올바른 의학이 학(學) · 술(術) · 도(道)를 모두 갖춰야 한다고 보았다. 학(學)은 이론으로서의 의학이며, 술(術)은 의술, 도(道)는 의료윤리를 가리킨다. 의술은 이론적 의학의 응용이긴 하지만 이론보다 더 본질적이다. 의학의 목적은 실제적인 의료 행위에 있기 때문이다. 그는 의술을 기술(技術)과 인술(仁術)로 나눈다. 기술은 인간이 자연에 작용하는 것으로서, 인간도 생물로서 '자연물'로 취급해서 기술의 대상으로 삼을 수 있다. 그러나 인술은 인간의 인간에 대한 작용이며, 이 인술에 일반적인 자연과학적 기술과는 차별되는 의술만의 독자성이 있다. 이러한 사유를 거쳐서 오모다카 히사유키는 도덕적 인간애와 종교적 자비 · 구원의 관념 없이는 의학이 올바르게 성립할 수 없다며, 의학의

6 이부영(1995), 4쪽.

7 杉岡良彦(2005), 116쪽.

본질에서 의도(醫道), 즉 의료윤리를 도출해 냈다.[8]

오모다카 히사유키의 의학개론 강좌를 시작으로 하여, 일본에서는 이후 동일하거나 유사한 강좌들이 개설되었다. 1961년에는 전체 46개 대학 중 21개 대학에, 1977년에는 전체 75개 대학 중 57개 대학에 의학개론 강의가 개설될 정도로 이러한 이름의 강의는 보편적인 것이 되었다.[9] 비슷한 제목의 저술들도 출간되긴 했지만, 이러한 강의와 저술들이 모두 오모다카 히사유키의 것처럼 의철학적 연구였던 것은 아니다. 오모다카 히사유키 외에는 우라타 타카시(浦田卓)가 1978년 『인간-그 역동적인 파악/나의 의학개론(人-そのダイナミックな把握/私の医学概論)』에서 과학철학의 관점으로 의학에 접근했을 뿐이다.[10]

2) 의료윤리 연구

일본에서 근대적인 의료윤리 논쟁과 연구가 시작되기 전 전통적인 의료윤리가 전혀 없었던 것은 아니다. 예를 들어, 일본에서는 헤이안 시대((794-1185) 이후 전문적인 의사 집단이 등장했는데, 이들의 윤리는 불교·유교·신도(神道)의 영향을 받았을 것이다. 또한 16세기에 교토의 의학교 '게이데키인(啓迪院)'의 2대 원장 마나세 겐사쿠(曲直瀬玄朔, 1549-1632)는 교칙 중의

8 오모다카 히사유키(澤瀉久敬)/신정식 역(1991b), 14-15쪽. 오모다카 히사유키가 의학의 본질에 대한 반성 작업을 통해 '의도(醫道)'의 의의와 필요성을 도출해내는 것은 의학의 본질에 담겨 있는 윤리적 성격을 규명했다는 점에서 의철학적 연구이다. 이부영(1995), 13쪽 참고.

9 이부영(1995), 1쪽.

10 이부영(1995), 8쪽.

하나로 '엔주인의 17개 규칙(延寿院医則十七ヶ条)'을 만들었는데, 이것은 히포크라테스 선서와 유사한 것이었다. 즉 그 내용에 '천도(天道)를 따르고 신불(神佛)을 거역하지 말 것', '사냥이나 낚시를 하지 말 것' 등 불교에서 유래한 규칙들도 있고, '배운 지식을 함부로 누설하지 말 것', '환자를 가리지 않고 치료해 줄 것', '인(仁)을 베풀 것', '독약이나 낙태약을 주지 말 것' 등 서양에서 유래한 것으로 보이는 규칙들이 포함되어 있다.[11]

1968년 일본에서는 의료윤리적으로 크게 논란이 된 사건이 일어났다. 삿포로 의대의 와다 쥬로 교수가 일본 최초로 뇌사자의 심장을 떼어 내 심장병 환자에게 이식하는 수술을 한 것이다. 수술 후 환자는 83일 동안 생존했지만, 1968년 12월 오사카의 한 한방의(漢方医)가 와다 교수를 살인죄로 고소했다. 증거 불충분으로 와다 교수는 불기소 처분되었으나, 의학계의 권위는 하락하고 의료를 불신하는 분위기가 퍼졌다.[12] 당시 일본은 뇌사를 사망으로 보아도 되는지, 뇌사자의 신체에서 장기를 떼어 내어 이식해도 되는지와 관련된 윤리와 법률이 제대로 마련되어 있지 않은 상황이었다. 이 사건을 계기로 일본의 의료인, 종교인, 철학자, 법률가들은 뇌사와 장기이식을 둘러싼 윤리적 논의를 하게 되었다.[13]

그러나 일본에서 의료윤리 연구가 본격적으로 시작된 것은 서양의 의료윤리 문헌과 연구가 일본에 소개, 번역되던 1980년대부터라고 할 수 있다.[14]

11 권복규(2018), 7-8쪽 참고.

12 松井富美男(2004), 1쪽. 와다 쥬로 교수의 심장 이식 수술은 뇌사자의 심장을 떼어 내어 이식해도 되는지 뿐만 아니라 기증한 자가 실제로 뇌사였는지 여부까지 논란이 된 사건이다.

13 松井富美男(2004), 1쪽.

14 유럽에서는 제2차 세계대전 중 의료인들의 비윤리적 행위에 대한 반성으로 의료윤리

앞서 이미 1968년에 뇌사와 장기이식이라는 의료윤리의 난제에 직면했던 일본은 이후 1990년대까지 주로 임종기 치료 및 안락사 등 죽음과 관련된 연구에 주력했다.[15] 의학계뿐만 아니라 종교, 정치, 언론, 일반인 사이에서 이러한 문제들이 폭넓게 논의되면서 일본의 의료윤리는 발전해 나갔다.[16]

이 시기에는 1991년 도카이(東海大) 대학의 안락사 사건을 계기로 죽음 관련 문제인 안락사가 크게 주목을 끌었다. 도카이대학 안락사 사건은 환자 가족의 요청으로 의사가 말기 암환자에게 염화칼륨(KCl)을 투여한 것으로서, 1995년 의사는 살인죄로 유죄판결을 받고 집행유예를 선고받았다. 그런데 법원 판결에 적극적 안락사의 허용 조건을 제시한 부수적 의견이 달리면서, 다른 나라에서는 일본이 적극적 안락사를 법적으로 허용한 것으로 오해하기도 했다. 의사 조력자살이나 안락사, 자비로운 살해, 존엄사 등의 용어도 불명확하게 사용되었다.[17] 1996년에는 교토부 국민건강보험 게이호쿠 병원(京都府国保京北病院)에서 환자의 의사 확인이 부족한 상태로 안락사가 시행되는 사건이 있었다. 1991년과 1996년의 사건으로 온정주의(paternalism) 성격이 강했던 일본 의료계에서는 환자의 자율성, 자기결정권

논의가 활발해졌다. 미국에서는 터스키기 매독 실험의 비윤리성에 대한 사회적, 윤리적 충격을 계기로 의료윤리에 대한 인식과 관심이 커졌고, 1970년대 톰 비첨(Tom L. Beauchamp)과 제임스 칠드레스(James F. Childress)가 『생명의료윤리의 원칙』을 출간하면서 의료윤리, 혹은 생명의료윤리가 하나의 학문으로 정립되었다.

15 Akabayashi(2020), p.1. Akabayashi(2020)는 일본 생명윤리(bioetics) 연구사를 1980-1999년까지의 도입기, 2000-2010년까지의 발전기, 2011년부터 현재까지의 최근기 세 시기로 구분한다. 2010년까지의 일본 의료윤리 연구의 역사를 개관하는 이 부분에서는 아카바야시의 서술에 주로 의존했다.

16 Akabayashi(2020), p.2. 일본에서는 1997년 장기이식법이 제정되어서 뇌사자의 장기를 이식하는 것이 합법화되었다.

17 Akabayashi(2020), p.3.

을 강조하는 움직임이 나타났다.[18]

환자의 자율성을 지켜야 한다는 목소리가 강화되면서 사전동의(informed consent) 개념이 의료 현장에 등장했다. 사전동의는 의료인이 환자에게 의학적 치료를 행할 때, 사전에 충분한 설명을 제공하고 환자가 잘 이해했는지 확인하며, 환자가 치료에 자발적으로 동의하는 것을 가리킨다. 현재는 한국이나 일본 모두 사전동의를 의학적 치료 과정에서 당연히 거쳐야 하는 것으로 인식한다. 그러나 이 개념이 처음 등장하던 당시, 일본에서는 자기결정권과 알 권리에 바탕해서 환자의 자율성을 지켜야 한다는 입장 외에도, 이것이 일본에 적합하지 않다는 주장도 있었다.[19] 1980년대에는 생명과 의료를 철학적, 윤리적으로 다루는 다양한 학회와 연구회가 설립되었다. 1981년에는 일본의학철학・윤리학회(日本医学哲学・倫理学会)가, 1988년에는 일본생명윤리학회(日本生命倫理学会)가 설립되었다.

세계적으로 생명공학 기술이 발달하면서 1984년 영국 워녹 보고서(Warnock Report)는 인간 배아에 대한 연구를 14일로 제한한다는 '14일 규정(The 14day rule)'을 채택했다. 이것이 채택될 당시에는 연구 기간으로 14일은

18 松井富美男(2004), 2쪽. 현재까지도 일본은 우리나라의 '연명의료결정법'과 같은 것을 아직 갖추고 있지 않으며, '가이드라인' 형식으로 연명의료중단에 관한 문제를 규율한다. 양천수(2020), 143-144쪽. 참고로 우리나라의 경우 안락사에 대한 관심과 논의가 대두된 계기는 1997년 보라매병원 사건과 2008년 김할머니 사건이다. 보라매병원 사건에서 가족의 요청으로 인공호흡기를 제거한 의사들은 실형을 선고받았지만, 김할머니 사건에서 대법원은 연명치료 중단을 허락하면서 그 기준을 제시했다. 그리고 2018년 2월부터 한국은 연명의료결정법을 시행해서 소극적 안락사, 즉 연명의료장치를 제거하는 안락사를 법적으로 허용하고 있다.

19 Akabayashi(2020), pp.2-3. 일본에서는 '사전동의'를 가타카나로 표기해서 인폼드 콘센토(インフォームド・コンセント, informed consent)라고 하거나 '설명과 동의(説明と同意)'라고 한다.

부족하다는 인식이 팽배하였지만, 이후 기술이 발달하면서 착상 전 유전자 진단, 인간 복제 배아, 배아줄기세포 등 새로운 연구 결과가 빠른 속도로 나왔다. 그러면서 워녹 보고서의 14일 제한 규정은 14일 안에는 어떠한 연구도 가능하다는 식으로 받아들여졌다.[20] 이에 따라 일본 의료윤리 연구도 전 세계적인 경향과 마찬가지로 인간 배아의 도덕적 지위 등 생명의 시작과 관련된 문제들로 관심이 이동했다. 이러한 경향은 2000년대부터 뚜렷해지며, 이 시기에 사회적으로 생명의료윤리에 대한 인식도 높아졌다.[21] 2004년 과학기술정책협의회와 생명윤리전문가위원회는 〈인간 배아 처리에 관한 기본 원칙〉이라는 문서를 편찬했는데, 요지는 인간 배아가 존중받을 가치가 있으며 신중한 처리가 필요하다는 것이었다. 그런데 다른 나라의 경우 인간 배아의 도덕적 지위 문제는 종교적 · 정치적으로 민감한 논쟁거리이지만, 일본은 상대적으로 이 문제를 쉽게 처리한 것으로 보인다.[22] 일본은 기술의 응용에 앞서 윤리의 문제를 충분히 논의하지 않고 임상실험에 돌입한 후, 단지 의료진 · 환자 · 가족 등의 '관계자'에게 결정을 맡기는 경향이 있었다.[23]

2000년대 이후 생명의료윤리와 관련된 여러 법률이 제정되고, 제정 과정이 체계화되었다. 법률이나 지침의 초안은 의학 및 법률 전문가 · 윤리학자 · 언론인 등이 참여한 정부 위원회가 작성했으며, 위원회 구성 · 초안 작성 · 공청회 개최 및 최종 결과물을 인터넷에 게시하는 일련의 과정이 체계

20 松井富美男(2004), 4쪽.
21 Akabayashi(2020), p.1.
22 Akabayashi(2020), pp.3-4.
23 松井富美男(2004), 3쪽.

화되었다.[24] 2000년까지는 의과대학 교육과정에 의료윤리가 추가되었는데 초기에는 일반교육과정으로 법의학, 공중보건, 철학 · 윤리학 교수진이 강의했다. 그러나 2000년에 교토대학 의과대학에 처음으로 생의학윤리 대학원 과정이 설립되었고 전임교원들이 임용되었다. 2003년에는 도쿄대학 의과대학원에도 생명윤리학과가 신설되었다. 이런 과정에서 의료 관련 분야 학생들을 위한 의료윤리 교육이 표준화되었으며, 생명과학과 의학 분야의 ELSI(Ethical, Legal, and Social Implications: 윤리적, 법적, 사회적 함의) 프로그램은 상당한 양의 공공 및 민간 연구 자금을 제공받았다. 2000년대 이후 생명의료윤리는 교육, 연구의 측면에서 일본에서 존중받는 학문의 지위에 올랐다.[25]

3) 일본의학철학 · 윤리학회의 창립과 활동

일본의학철학 · 윤리학회(日本医学哲学·倫理学会)는 1981년 도쿄의과대학의 교수 다카마 나오미치(高間直道)의 주도로 창설되었다. 1980년대 초 의사의 윤리와 의학 교육에서의 인간 교육의 중요성에 대한 인식이 의료계와 사회에서 커졌다. 이러한 분위기 속에서 1980년 11월 제1회 전국의 · 치계대학 철학과 윤리학 담당자 회의가 도쿄의과대학에서 개최되었고, 1981년 약학대학과 종교학 담당자까지 포함된 제2회 회의가 오사카의과대학에서 개최되었다. 그리고 마침내 1981년 전국 국 · 공 · 사립의 의 · 치 · 약계 단과

24 Akabayashi(2020), pp.4-5.

25 Akabayashi(2020), p.5.

대학의 철학 · 윤리학 · 종교학 담당 교수 약 50인이 주축이 되어 일본의학철학 · 윤리학회가 설립되었다. 학회의 목적은 의학 · 치의학 · 약학과 관련된 철학 · 윤리학 · 종교학의 문제를 연구, 교육하며, 그 발전을 도모하는 것이다. 학회는 연 1회 학술대회와 총회를 개최하고, 연 1회 학회지를 발행한다. 이렇게 해서 설립된 학회의 제1회 학술대회가 1982년 11월 27~28일 기타큐슈(北九州)의 산업의과대학에서 개최되었다. 이 대회는 〈정신분열병의 환청에 수반하는 문제들〉, 〈히포크라테스와 '코스 학파의 예후'에 대하여〉, 〈대학 교양과목 시점에서의 신체론의 시도〉, 〈의 · 치 · 약학계 대학에서의 윤리학 교육의 문제점에 대하여〉라는 네 편의 개인 연구 발표, 총회, '의 · 치 · 약학생 교육에서의 철학, 윤리학의 역할'이라는 주제의 특별 강연, '현대의 의학과 철학의 접점'이라는 주제의 심포지엄으로 구성되었다. 1983년 학회지인 『의학철학 · 의학윤리(医学哲学·医学倫理)』의 창간호가 발간되었는데, 창간호는 첫 번째 학술대회의 발표문과 심포지엄, 특별 강연, 학회 탄생의 경위, 회칙 등으로 구성되었다. 학회는 2006년부터 영문 학술지 『헬스케어와 의학의 철학과 윤리(*Journal of Philosophy and Ethics in Health Care and Medicine*)』도 발간하고 있다. 1991년 학회의 간토지부(関東支部: 関東医学哲学·倫理学会)가 설립되었고, 2010년 7월에는 규슈지부(九州支部: 九州医学哲学·倫理学会)가 설립되었다. 간토지부는 1996년부터 학회지 『의료와 윤리(医療と倫理)』를, 규슈지부는 2011년부터 학회지 『인간과 의료(人間と医療)』를 발간하고 있다.

학회는 학술대회와 심포지엄, 워크숍 등의 학술 행사, 학술지에서 의철학과 의료윤리의 다양한 주제들을 망라해서 다룬다. 지금까지 학회는 의철학적 주제로 생명, 죽음, 고통, 건강과 질병의 개념 및 정의, 삶의 존엄성과 질,

정상과 비정상 등을 다루었다. 또한 의료윤리 주제로 안락사, 낙태, 사전동의, 의사와 환자의 권리 및 의무, 자기결정권, 장기이식, 의료자원 분배, 인체 유래 의료자원의 활용, 의료사고, 의학실험, 호스피스, 간호와 돌봄, 의료제도와 보험 등과 관련된 윤리를 다루었다.[26] 생명과학과 의료 기술이 발달하면서 학회에서 다루는 연구 주제들은 유전자 진단과 치료, 복제 기술, 인간 향상과 관련된 철학적, 윤리적 논의들로 확장되어 가고 있다.

3. 일본 의철학과 의료윤리 연구 현황(2011-2020)

3장에서는 최근 10년간 연구 현황을 일본의학철학・윤리학회(이하 '학회'로 약칭함)의 활동과 이 학회에서 발간한 학술지에 게재된 논문을 중심으로 살펴보겠다. 2011년부터 2020년까지의 특징은 생명공학과 첨단 의료 기술의 발전에 따라 이것들을 다루는 철학적, 윤리적 문제에 관한 논의가 두드러졌다는 것이다. 물론 의학의 본질, 의과대학의 철학과 의료윤리 교육, 죽음, 안락사, 낙태 등 기존에 논의된 고전적인 주제에 관한 연구도 계속되었다. 또한 지진 등의 재해, 고령화, 일본에서 일어난 의료 관련 사건 등 일본의 특수성이 반영된 연구들이 수행되었다. 3장에서는 이러한 주제들을 순서대로 살펴보겠다.

26 张长安(2003), 49쪽 참고.

1) 첨단 의료를 다룬 주제들

2000년대 이후 생명공학과 의료 기술이 비약적으로 발달하면서 그 이전에는 공상과학소설이나 영화에서나 다루어졌던 것들이 현실화되고 있다. 이에 따라 의철학과 의료윤리에도 새로운 연구 주제들이 등장해 왔다. 최근 10년간 일본의 연구 동향에서도 이 새로운 주제들에 대한 관심을 확인할 수 있다.

(1) 첨단 의료를 주제로 한 학술대회 개최

학회 규슈지부는 첨단 의료를 주제로 한 학술대회를 다수 개최했다. 2013년 제4회 대회는 〈첨단 의료와 윤리〉를 주제로 개최되었으며, 심포지엄에서 '첨단생식보조의료와 윤리'를 논했다. 2015년 제6회 대회의 주제는 〈첨단 의료의 영리와 윤리〉였다. 이 대회에서는 시모다 모토무(霜田求)가 '첨단 의료와 비즈니스-유전자 검사 중심으로'라는 주제로 특별 강연을 했고, '첨단 의료는 우리에게 무엇을 가져다주는가-모자보건의료를 예시로', '인도와 태국의 생식의료(대리출산) 규제와 외국인 생식의료난민의 행방' 등의 발표가 있었다. 2016년 제7회 대회의 주제는 〈의료와 인간의 미래〉였다. 다카하시 다카오(高橋隆雄)가 '인간-동물 키메라 연구와 윤리학을 향한 도전'을 특별 강연했으며, 발표에 '인간 수정 배아의 게놈 편집을 둘러싼 윤리학적 접근 방식' 등이 있었다.

(2) 인간 향상

주제별로 연구들을 살펴보면, 먼저 인간 향상에 관한 연구들이 있었다.

'향상(enhancement)'은 의료 기술을 사용해서 인간의 정신적, 신체적 능력을 강화시키는 것이다.[27] 즉 질병을 치료하기 위해서가 아니라, 더 똑똑하고 더 잘 집중하고 더 잘 뛰고 더 강해지기 위해 생명공학과 의료 기술을 사용하는 것이다. 향상의 구체적인 예로는 치료 목적이 아니라 근력을 강화하기 위해 스테로이드를 사용하는 것, 리탈린(Ritalin, methylphenidate)이나 프로작(Prozac, fluoxetine hydrochloride)을 복용해서 집중력을 높이고 기분을 좋게 만드는 것, 유전자 편집으로 맞춤형 아기를 출산하는 것, 프로스테시스(Prosthesis) 장치, 즉 인공 의수나 인공 의족 장치로 빠르고 강한 운동 능력을 갖는 것, 두뇌-기계 인터페이스 기술을 사용해서 뇌파 등 두뇌 활동으로 사물을 움직이게 하는 것 등을 들 수 있다. 일본에서는 인간 향상을 해도 되는지의 윤리적 논쟁을 주도한 마이클 샌델(Michael Sandel)의 저서 『완전한 인간을 지향하지 않아도 되는 이유-유전자 조작과 강화의 윤리*(The case against perfection)*』가 2010년 번역 출간되었고, 학회의 간토지부 학술지인 『의료와 윤리』에는 2013년 이 책의 서평이 실렸다.[28]

전 세계적으로 향상을 적극적으로 찬성하는 이들은 대개 일종의 자유주의적 우생학과 공리주의의 입장에서 타인에게 해를 끼치지 않는 한 생명공학과 의료 기술을 사용해서 신체적 · 정신적 향상을 해도 되고, 부모가 자녀의 유전적 형질을 선택할 수 있는 권리도 허용해야 한다고 주장한다. 그러나 반대하는 이들은 인간이 신처럼 생명을 조작하는 것이 부자연스럽고 미처 알지 못하는 위험이 클 수 있으며, 인간의 존엄성과 인권의 바탕이 되는

27 국내에서 'enhancement'는 향상, 강화, 증강 등으로 번역된다. 필자는 여기에서 '향상'이라는 표현을 선택하지만, 가치적으로 우월하다는 뜻으로 향상을 사용한 것은 아니다.
28 번역은 林芳紀 · 伊吹友秀(2010)이고, 이에 대한 서평은 坪井雅史(2013)이다.

인간 본성이 훼손될 수 있다고 주장한다. 적극적 찬성은 아니어도 단순히 반대만 할 수는 없고 건강 수명과 삶의 질 향상을 위해 법적, 제도적 장치 안에서 체계적으로 연구, 실시되도록 해야 한다는 주장도 있다. 일본의 경우, 모든 형태의 향상을 허용하거나 금지하기보다는 각각의 사안을 개별적으로 논하는 편이다. 사회가 개인의 자기결정성과 가치의 다차원성을 존중하는 한, 향상을 전면적으로 금지하도록 강제할 수는 없지만, 일부 제약은 정당화될 수 있다는 의견 등이 존재한다.[29] 관련 연구로 도덕적 향상의 윤리적 함의를 논한 연구,[30] 도덕적 향상을 주장하는 피어슨(Persson)과 사블레스쿠(Savulescu)의 논의를 검토한 연구,[31] 성격의 향상이 지니는 윤리적 문제를 다룬 연구가 있다.[32]

(3) 신경윤리

앞서 보았듯이 신경계 약물을 사용해서 도덕적 향상을 한다거나 두뇌-컴퓨터 인터페이스 기술로 신체적 능력을 향상시키는 등 인간 향상의 목적으로 신경과학 기술이 활용될 수 있다. 그러나 이러한 기술은 인간 향상뿐만 아니라 치료라든가 군사적 목적 등으로도 사용될 수 있다. 그래서 신경과학이 발달하면서 신경윤리(Neuroethics)라는 새로운 연구 분야가 등장하게 되었는데, 뇌와 신경 처리 과정에 약물이나 물리적 자극을 통해 인위적으로

29 2011년 이전의 연구이지만 佐藤岳詩(2009)는 인지 능력 향상의 현황과 향상의 장단점, 향상을 윤리적으로 허용해도 되는지 논했고, 虫明茂(2009)는 뇌신경과학기술을 사용한 향상의 윤리적 문제를 논했다.

30 Mushiaki(2014).

31 高木裕貴(2020).

32 佐藤岳詩(2012).

개입하는 것의 윤리적 문제를 다루는 것이다.[33] PET와 fMRI와 같은 뇌 기능 영상 기술의 발달은 거짓말 탐지나 의식 수준의 명료성 등 다른 사람의 마음을 읽을 수 있게 만들었다. 또 뇌심부 자극(Deep Brain Stimulation)으로 파킨슨병의 떨림(tremor) 증상을 조절하는 등 신경학적 처리 과정에 약리학적, 해부학적으로 개입하고 조작할 수 있게 되었다. 이러한 기술은 질병 치료뿐만 아니라 군사적 목적의 세뇌나 마인드 컨트롤에도 이용될 수 있다. 두뇌-컴퓨터 인터페이스 기술은 인간의 정체성과 그것의 허용에 대하여 철학적, 윤리적 질문을 제기한다.[34] 이 문제와 관련해서 뇌신경윤리학과 정신적인 존재의 문제,[35] 신경윤리학에서의 설명적 다원주의의 가능성을 논한 연구가 있다.[36] 두뇌-컴퓨터 인터페이스를 보철 기기로 사용하는 것을 윤리적으로 분석한 연구도 있다.[37]

(4) 재생의료

2000년대 들어서 활발했던 인간 배아의 도덕적 지위 등에 관한 논의가 2011년 이후에도 계속되었다.[38] 그런데 2012년 교토대학의 야마나카 신야(山中 伸弥) 박사가 역분화줄기세포(iPS세포) 기술을 개발하여 노벨상을 받으면서, 의철학과 의료윤리적으로 새로운 문제가 등장했다. 역분화줄기세포

33 Akabayashi(2020), p.6. 참고.
34 Akabayashi(2020), pp.6-7.
35 村松聡(2013).
36 Ishida(2012).
37 Miyasaka et al.(2012).
38 鶴島暁(2011); ハイネマン トーマス, ハイネマン トーマス/松田純(2015); Heinemann(2015). 외국인의 연구일지라도 일본의학철학・윤리학회의 학술지에 게재된 것은 일본 연구 동향을 파악할 수 있는 논문으로 간주했다.

기술은 성인 체세포에 여러 유전자를 통합해 인간 배아줄기세포와 동일한 분화 기능이 있는 세포를 만들 수 있는 기술이다. 장기나 조직, 질병을 치료하는 세포들을 만들 수 있다는 점에서 재생의학 분야의 획기적인 쾌거였다. 인간 배아를 파괴하지 않는 기술이기 때문에 그에 따른 윤리적 문제로부터도 자유로워졌다. 그런데 이것과는 다른 문제들이 제기되었다. 먼저 안정성의 문제이다. 여러 세포 유형으로 분화할 수 있기에 종양화(cancerization) 가능성을 배제할 수 없기 때문이다. 그리고 iPS세포로부터 생식세포, 즉 정자세포나 난자세포를 만들어도 되는지의 문제도 제기되었다. 이론상으로 iPS 세포 연구에서 정자와 난자 세포로의 분화를 유도하는 것이 가능하다면, 이러한 세포들을 수정시키는 것도 가능해진다. 그러면 복제의 경우와 비슷하게 인간 개인의 고유성과 관련된 철학적, 윤리적 문제가 발생한다.[39] 또한 iPS세포를 동물 배아에 주입하면, 인간의 장기를 가진 동물을 만들 수 있는데, 이는 인간과 동물이 결합한 키메라(chimera) 유기체의 정체성과 그것을 윤리적으로 허용해도 되는지의 문제를 발생시킨다.[40]

(5) 보조생식 기술

또한 보조생식 기술의 발달은 체외에서 생성된 배아를 난자 제공자가 아닌 타인의 자궁에 이식하여 키울 수 있게 만들었으며, 이는 대리모와 관련된 다양한 윤리적 문제를 야기시켰다. 특히 대리출산 등의 이른바 생식 서

39 Akabayashi(2020), pp.7-8.

40 학회 학술지에서는 iPS를 직접 다룬 연구를 藤井可(2013) 외에 찾기가 어려웠지만, 일본 학계 전체에서는 遠矢和希(2011); 野家啓一(2013); 友田幸一・藤田みさお(2019) 등 관련 연구를 다수 찾을 수 있었다.

비스가 세계화, 상업화되면서 이는 한 국가에 국한되지 않는 생명의료윤리의 문제가 되었다. 학회는 2013년 제32회 학술대회 심포지엄에서 〈의료의 세계화〉를 토론하면서 장기이식과 임상시험 외에 생식보조의료도 다루었다. 그 밖에 학술지 게재 논문들을 살펴보면, 생식보조의료와 그 윤리적 문제를 다룬 연구,[41] 생식 기술의 세계화와 대리모 문제를 다룬 연구, 인도와 태국의 대리출산 현황에 대한 연구들이 있다.[42]

(6) 정밀의료

마지막으로 정밀의료가 발달하면서 나타난 문제를 다루는 연구들이 있다. 정밀의료란 개인의 유전 정보, 임상 정보, 생활습관 정보를 분석해서 개인에게 최적의 맞춤형 의료 · 헬스케어 서비스를 제공하는 기술이다.[43] 질병의 진단 및 예방, 치료, 관리에 크게 기여하는 기술이지만 유전자 정보를 수집, 관리, 활용하는 과정에서 다양한 윤리적 문제를 야기하기도 한다. 이와 관련하여 착상전 유전자 검사,[44] 유전자 정보의 보호와 알 권리 및 차별을 다룬 연구들이 이루어졌다.[45] 그 밖에 2011년 이후 새롭게 등장한 연구로 의료 현장에서 로봇을 사용하는 것에 대한 연구들도 있다.[46]

41 根津八紘(2014); 藤井可(2016).

42 児玉正幸(2012); 児玉正幸(2013); 小出泰士(2014); 日比野由利(2014); 児玉正幸(2015); 児玉正幸(2016); Kodama(2016).

43 과학기술정보통신부 · 한국과학기술기획평가원(2021), 14쪽.

44 竹内一浩(2014); 児玉正幸(2014); 児玉正幸(2018).

45 大橋範子(2011); 瀬戸山晃一(2013).

46 Kato(2016); Yamazak et al.(2018).

2) 고전적인 주제들

(1) 의학과 철학, 그리고 교육

최근 10년간 일본에서는 기존의 의철학과 의료윤리에서 논의해 왔던 고전적인 주제에 대한 연구도 이어 나갔다. 의철학과 의료윤리의 가장 근본적인 질문은 의학·의료란 무엇이며, 무엇이어야 하는가이다. 1982년 〈현대의 의학과 철학의 접점〉이라는 주제로 제1회 학술대회를 개최했던 학회는 2019년 〈철학과 의학의 대화〉라는 주제로 제38회 학술대회를 개최함으로써 이 근본적 질문을 재확인했다. 관련해서 의료에서 철학 대화의 의의를 묻는 연구[47]와 임상의학에 의철학이 어떻게 구현되고 있는지를 모리타요법, 내관요법, 로고테라피 중심으로 논한 연구가 있다.[48] 학회의 규슈지부는 2019년 제10회 학술대회를 〈의철학이 살아 있는 의료〉라는 주제로 개최하였다.

의료 계열 대학의 학생들에게 의료윤리와 철학 교육의 중요성을 일깨우고 적절히 교육하는 방법을 모색하려는 것이 학회의 설립 취지였기에, 철학 교육과 의료윤리 교육은 언제나 학회에서 가장 주력하는 주제이다. 학회는 2019년 대회의 심포지엄에서 '의료윤리 교육과 철학 교육'을 다루었고, 2020년 『의학철학·의학윤리』 제38호에는 이 심포지엄에서 논의한 연구들이 게재되었다.[49] 2015년에는 학회 차원에서 의료 종사자 양성 과정 중 행해지는 의료윤리 교육의 내용에 대한 제언을 발표했다. 이 제언의 목적은 의료윤리

47 中岡成文·山本洋一(2020).
48 杉岡良彦(2017).
49 伴信太郎(2020); 宮脇美保子(2020); 杉岡良彦(2020); 服部健司(2020); 池辺寧·藤野昭宏(2020).

를 교육하는 각 교원의 자주성을 존중하고 의료 종사자 직종의 다양성을 인정하되, 의료윤리 교육에 일정한 지적 기반과 공통 이해를 마련하는 것이다. 그래서 이를 바탕으로 각 양성 기관에서 의료윤리 교육의 목적이나 커리큘럼, 수업 형태 등을 적절히 취사선택하여 실시하도록 하는 것이다. 이러한 목적으로 작성된 제언은 학습자를 위한 목표 설정과 목표별로 교육할 항목으로 구성되었다.[50]

(2) 인간과 삶, 고통

2016년 의학적 인간학을 주창한 빅토르 폰 바이츠제커(V.v.weizsäcker, 1886-1957)의 저서 『형태순환(*Gestaltkreis*)』 발간 75주년을 맞아 제35회 학술대회가 〈탄생과 죽음 '사이'를 살아가는 인간〉이라는 주제로 개최되었다. 환자나 장애인, 이들의 곁에서 돌보는 이들 모두 탄생과 죽음의 사이에서 살아가는 인간이라는 점에서는 다를 바 없다. 대회에서는 '질병과 신체', '미토스(mythos) 산출 기능의 인간학적 기초를 향하여', '형태순환론(Gestaltkreis)과 삶-생명의 논리', '고통의 경험과 의료의 역할', '대화를 통해 생기는 병자와 의료진 사이의 변화' 등이 발표되었다.[51] 이 외에도 의철학의 고전적인 주제로서 인간, 인간학, 인격 개념을 다룬 연구들과[52] 고통과 아픔을 다룬 연구들,[53] 생명이나 삶과 죽음을 논하는 연구들이 수행되었다.[54] 2012년 제

50 日本医学哲学・倫理学会(2015), 98-99쪽.

51 日本医学哲学・倫理学会(2016); 丸橋裕(2017).

52 丸橋裕(2012); 前田義郎(2013); 眞次浩司(2013); 峯村優一(2016); 中野桂子(2016); 丸橋裕(2020).

53 竹村牧男(2013); 池辺寧(2013).

54 細井順(2016); 木村敏(2017); 生田孝(2017); 清水健信(2020).

31회 대회의 주제는 〈생로병사/라이프코스〉였으며, 심포지엄에서 '임상에서 인생의 고통을 어떻게 받아들일 것인가'를 논했다.[55]

(3) 생명의 시작과 종말

낙태, 임신 등 생명의 시작과 관련된 연구들도 여전히 많이 이루어졌는데, 의료 기술이 발달하면서 대리모 문제 등 생명의 시작을 다루는 연구의 주제들도 확장되었다. 낙태,[56] 임신과 출산을 윤리적으로 다룬 연구는 2011년 이후에도 여전히 계속되었다.[57] 생명의 시작과 종말에 대해서는 앞에서 살펴본 대리모의 경우처럼 해외 현황을 살펴보는 연구들이 다수 있는데, 베이비박스에 대해서도 일본, 폴란드, 독일의 경우를 조사한 연구들이 있다.[58]

죽음, 안락사, 호스피스 등 생명의 종말과 관련된 문제는 의철학과 의료윤리의 대표적인 주제이다. 학회는 2010년 〈죽음과 어떻게 마주할 것인가〉라는 주제로 제29회 대회를 개최했다. 이 대회에서는 '복지의 터미널 케어 논쟁을 돌아보다', '안락사법의 비교에서 발견되는 것-네덜란드, 벨기에, 룩셈부르크' 등이 발표되었다. 워크숍은 안락사, 존엄사에 관한 논의로 진행되었고,[59] 심포지엄에서는 '생활 속의 죽음-지역사회에서의 간호를 생각하다'를 논했다. 여기에서 다룬 연구들을 포함해서 죽음을 주제로 한 논문들이 다음 해인 2011년 학술지에 실렸다.[60] 2014년 제33회 대회의 워크숍에서

55 竹内慶至・浅見洋(2013); 浅見洋(2013).
56 加藤太喜子(2013); 塚原久美(2013); 中井祐一郎・比名朋子(2019).
57 佐藤静(2020); 中井祐一郎・比名朋子(2020); 南貴子(2014).
58 Bauer(2015); Olejarz(2017); Olejarz(2018).
59 有馬斉(2011).
60 竹之内裕文・大谷いづみ(2011); 大村哲夫(2011); 安藤泰至(2011).

는 독일, 이탈리아, 스웨덴 등 유럽에서의 '좋은 죽음'의 다원성과 그 문화적, 종교적 배경을 논했다.[61] 2017년 학술대회 심포지엄에서는 '돌봄의 문제로서의 존엄사'를 논했다.[62] 그 밖에도 소극적 안락사와 적극적 안락사에 관한 논의부터 환자와 간병인이 죽음을 어떻게 대해야 하는지의 문제, 뇌사 등 죽음을 다룬 연구들은 2011년부터 2020년까지의 연구에서도 꾸준히 보인다.[63]

(4) 기타 고전적인 주제들

임상윤리와 연구윤리는 2011년 이후에도 많이 다루어진 주제이다. 2014년 제33회 대회는 임상윤리와 연구윤리를 주제로 개최되었으며, '임상윤리학의 해석학적 가능성', '간호대 학생 임상 실습에서 발생하는 윤리적 문제-A대학의 경우' 등이 발표되었다. 2018년 제37회 대회의 워크숍에서는 '연구윤리 교육의 현황과 과제'라는 주제로 효과적인 연구윤리 교육의 방법론과 그 평가 척도가 검토되었다.[64] 그 외에도 학술지 게재 논문들 가운

61 여기에서 논의한 내용이 다음 해인 2015년 『医学哲学・医学倫理』 33호에 실렸다. 田代志門(2015); 浅見 洋(2015); 福島智子(2015); 藤美恵(2015).

62 이 심포지엄에서 다루어진 논의들은 다음 해인 2018년 『医学哲学・医学倫理』 36호에 실려 있다. 川口有美子(2018); 足立大樹(2018); 香川知晶(2018); 村岡潔(2018); 安藤泰至・清水哲郎(2018).

63 舟木祝(2013); 新山喜嗣(2015); Delden(2015); Arakawa(2016); 岸見一郎(2017); ファン・デルデン J.J.M./小沼有理子 역(2015). 뇌사를 다룬 연구들에는 水野俊誠(2015); Minemura(2013); Mazzoleni(2016)이 있다. 자살을 다룬 연구로 Odagari(2012)가 있고, 종말기 치료나 호스피스를 다룬 연구에 佐藤伸彦(2013), 小西達也(2017)가 있다.

64 워크숍 개요인 瀨戸山晃一(2019)가 다음 해인 2019년 『医学哲学・医学倫理』 37호에 실렸다.

데 임상윤리 관련 연구들이 다수 보인다.[65] 또한 서양과 비교해 볼 때 일본은 의료에서 개인의 선택보다는 가족의 결정권을 중시하는 공동체주의적인 모습을 보이며, 기본적으로 의사의 판단에 따르는 권위주의적 성향, 온정주의가 우세한 모습을 보여 왔다. 그러나 일본의 의철학과 의료윤리는 점점 개인의 판단과 자율성을 강조하는 방향으로 나아갔다. 이에 따라 자기결정권 및 자율,[66] 사전동의[67]에 관한 연구가 활발히 이루어졌다.

기타 고전적인 주제들로 간호와 돌봄, 간호사의 윤리와 역할,[68] 장기이식,[69] 환자의 권리와 체험,[70] 존엄성,[71] 자폐[72] 등에 관한 연구들이 이루어졌다. 특히 일본에서는 한국에 비해 장애와 장애인에 관한 논의가 활발한 편이다.[73] 2016년 7월에는 가나가와(神奈川)현 사가미하라(相模原)시의 지적장애인 보호시설에 한 남성이 침입하여 지적장애인은 살 가치가 없는 생명이라면서 장애인들을 살해하는 사건이 있었다. 이를 계기로 학계와 사회는 장애인의 의료와 돌봄에 더욱 관심을 기울이게 되었다. 2017년 제36회 대회는 이 사건을 언급하면서 시작되었고, 대회에서는 이러한 사건의 배경에 있는

65 宮坂道夫(2013); Itai(2014); 板井孝壱郎(2015); 大橋妙子 외(2018); 本家淳子・板井孝壱(2019); 服部俊子 외(2019); 高岩真秀美・板井孝壱郎(2020).

66 秋葉峻介(2019); 石田安実(2019).

67 村松聡(2011); 石田安実(2013); 前田義郎(2014); 秋葉峻介(2020).

68 永田まなみ(2012); 泉澤真紀(2014); 勝山美貴子(2014); 西村ユミ(2016); 柳井圭子(2016); 永田まなみ(2016); 菊永淳・宮坂道夫(2017); 古田真弥子・宮脇美保子(2020).

69 島薗洋介(2014); 田村京子(2019).

70 岩倉孝明(2016); 平野亙(2018).

71 永嶋哲也(2011); 石田安実(2016), 石田安実(2017).

72 眞次浩司(2011); 眞次浩司(2012); 眞次浩司(2014); 清水光恵(2017); 中野桂子(2019); 中野桂子(2020).

73 森禎德(2015); 日下部修(2015); 中野桂子(2017), Mori(2016); 松永正訓(2018); 屋良朝彦(2019).

일본 사회의 우생 사상부터 국가 지원 의료비 문제, 장애인의 권리와 돌봄의 문제를 다각도로 고찰했다.

3) 일본의 특수성이 반영된 연구—재해와 초고령사회

우리나라의 경우 1997년 보라매병원 사건, 2008년 김 할머니 사건이 안락사에 관한 논쟁을 활성화시킨 것처럼, 일본의 경우도 1991년 도카이대학 안락사 사건, 1996년 국민건강보험 게이호쿠 병원 안락사 사건, 사가미하라 장애인 시설 살인 사건 등 일본에서 일어난 사건들이 윤리적 논쟁의 기폭제가 되었다.[74] 이처럼 일본 지역의 의료적 사건이라든가 일본의 사회적, 문화적, 자연적 배경이 의철학과 의료윤리 연구에도 반영된다. 예를 들어 1964년 공장에서 배출한 폐수 속의 메틸수은이 원인이 되어 일어난 니가타 미나마타병과 관련해서 임신 규제 문제를 우생 사상과 페미니스트 윤리학 관점에서 검토한 연구가 있다.[75] 산전 진단이나 선택적 낙태를 하는 의료인의 대응을 앞서 언급한 사가미하라 장애인 사건과 관련지어 논한 연구도 있다.[76]

지진이 빈번한 지리적 특수성 때문에 일본에서는 다른 나라에 비해 의철학과 의료윤리 분야에서도 재해를 비중 있게 논한다. 특히 2011년 3월 11일 일본 후쿠시마현 앞바다에서 발생한 대지진과 쓰나미로 약 2만 명이 사망하고, 약 2,500여 명이 실종되었다. 이것은 막대한 피해를 입혔을 뿐만 아니라 일본 전체에 큰 트라우마를 남긴 재해였다. 같은 해 11월에 개최된 학회

74 권복규(2018), 8쪽 참고.
75 佐藤靜(2020).
76 中井祐一郎・比名朋子(2019).

의 제30회 대회의 주제는 〈대재앙 시의 의료 · 돌봄과 윤리〉였으며, 심포지엄에서는 동일본 대지진에 관하여 논했다. 학술대회에서는 이러한 끔찍한 재해 앞에서 의료인이 해야 하는 일, 할 수 있는 일, 윤리적 소양을 논의했다. 도쿄대학교 키토 슈이치(鬼頭秀一) 교수가 '포스트 3.11의 생명환경윤리-후쿠시마 제1원전 사고를 근거로 그 구조적인 틀을 묻는다'로 기조 강연을 했고, '팀 의료를 촉진하기 위한 요인에 관한 연구-동일본 대지진의 실례를 바탕으로', '의료 현장에서 일하는 사람들을 대상으로 한 윤리 교육 모델 제안' 등이 발표되었다. 다음 해인 2012년 『의학철학 · 의학윤리(医学哲学·医学倫理)』 제30호에 지진 재해에서의 철학적 실천의 시도, 간호사 입장에서 보고하는 재해 지역 지원 과정의 경험 등의 연구들이 게재되었다.[77]

한국보다 먼저 초고령사회에 진입한 일본에서는 노인 의료 문제가 중요한 과제이다. 2018년 제37회 대회는 〈지역과 함께 걷는 의료〉라는 주제로 개최되었는데, 초고령사회에서 각 지역이 처한 다양한 상황을 살펴보고 장기적으로 의료와 복지 문제를 고찰하는 대회였다. 심포지엄에서는 '지역 고령자와 함께 사는 사회'를 논했다.[78]

일본의 문화적, 사상적 배경을 반영하는 연구들도 있다. 예를 들어 일본의 국민도덕론과 국정수신교과서에 나타난 신체관과 도덕관에 관한 연구

77 西村高宏(2012); 田美代子(2012). 학술대회 관련 연구 외에도 2011년 동일본대지진을 다룬 연구에 Yamamoto(2014)가 있다.

78 심포지엄에서 다룬 논의들이 『医学哲学 · 医学倫理』 37호에 게재되었다. 宮島光志(2019); 橋爪幸代(2019); 秋山正子(2019); 山田康介(2019); 船木祝 · 小山千加代(2019). 그 밖에도 노인의 건강과 의료를 다룬 연구들에 浅井篤(2013), Morishita(2014), 会田薫子(2019)가 있다.

가 있다.[79] 그러나 초창기부터 일본의 의철학과 의료윤리 연구는 서양 이론에 근거해서 논의를 펼치는 것이 대다수였으며 전통 의학이라든가 동양 사상에 기반한 연구는 많지 않다. 2011년 이후에도 이러한 주제를 다루는 연구는 빈약했다. 규슈지부 학회에서 2014년 제5회 학술대회를 〈동양철학과 의학〉이라는 주제로 개최했지만, 동양철학을 다룬 발표는 특별 강연인 '불교와 정신요법'뿐이었다.[80] 그 외 전통 의학을 다룬 연구가 몇 편 있었을 뿐이다.[81]

4. 나가는 말: 일본 의철학과 의료윤리 연구의 전망

일본의학철학・윤리학회의 활동과 이 학회의 학술지 게재 논문들을 통해 살펴본 최근 10년간 일본 의철학과 의료윤리 연구의 특징은 다음과 같다. 첫째, 생명공학과 의료 기술의 발달로 인간 향상, 재생의료, 정밀의료 등 첨단 의료를 다루는 연구들이 새롭게 등장했으며, 신경윤리라는 것이 하나의 연구 분야로 등장했다. 앞으로도 의학의 발달에 맞추어 연구 주제는 더 다양해지고 심화될 것이다. 예를 들어 유전자 편집을 통한 인간 향상, 유전자 정보의 수집과 관리 및 이를 활용한 개인 맞춤형 치료, 키메라 등 이식

79 川端美季(2019).

80 학술대회에서 '불교와 정신요법(佛教と精神療法)'으로 기조강연한 기요타카 야스마츠(安松聖高)는 2015년 발간된 규슈지부 학술지 『人間と医療』 5호에 '모순적상즉과 정신요법'이라는 논문을 게재했다. 安松聖高(2015).

81 Fujimori et al.(2013); 財吉拉胡(2014); 森口眞衣(2018).

과 재생의료의 실천 과정 중에 일어나는 문제들, 국제적인 것이 된 대리모 등의 문제는 인간의 존엄성, 인권과도 직결된 문제로서 의료 기술이 발달할수록 더욱 심각하고 중요하게 다루어질 것이다.

둘째, 의료 계열 대학의 필요에 부응하는 연구들이 학회의 활동과 학술지에서 창립 이래로 여전히 중요한 위치를 차지하고 있다. 학회는 의 · 치 · 약학 대학에서 철학과 윤리를 담당하는 교원들이 더 나은 교육에 대해 고민하면서 연구와 교류의 필요성을 절감하고 창립한 것이다. 그렇기에 의료 계열 대학에서의 철학 및 의료윤리 교육 방법과 교육의 내용은 학회의 존립 이유이다. 의료 계열 대학에서의 철학 교육, 의료윤리 교육에 관한 연구는 향후에도 핵심적인 주제로 남을 것이다.

셋째, 의철학과 의료윤리의 고전적인 주제에 관한 연구도 계속되었다. 인간 · 존엄성 · 삶 · 고통을 의철학적으로 고찰하는 연구들, 낙태 · 임신 · 출산 등 생명의 시작, 안락사 · 호스피스 등 생명의 종말과 관련된 의료윤리 연구들이 있었다. 이렇게 인간, 생명의 시작과 종말을 다루는 주제들은 의료 기술이 발달하면서 보조생식 기술을 활용한 대리모 문제 등으로 확장되었다. 향후에도 복제인간, 냉동인간의 철학과 윤리 등 기존에 다루어지지 않았던 주제들이 연구에 추가될 것이다. 생명공학과 의료 기술의 발달과 함께 임상윤리, 연구윤리는 앞으로도 그 중요성이 간과되지 않을 것이다.

넷째, 일본에서 이루어지는 연구들은 일본의 사건이나 재해에 반응하여 그것들을 직접 다루기도 하고, 그러한 사건이 기폭제가 되어 논의가 활발해지기도 했다. 예를 들어 사가미하라 장애인 시설 살인 사건은 장애인에 대한 의료와 돌봄의 윤리 및 우생 사상에 대해 관심을 환기시키는 계기가 되었다. 그리고 2011년의 동일본대지진은 재해 상황에서의 의료와 돌봄의 윤리에 관한 연구를 촉진시켰다. 초고령사회라는 사실은 노인 의료와 돌봄 문제를 비중 있게 다루게 만들었다.

그러나 일본의 사회적, 문화적, 환경적 조건, 즉 일본만의 특수성이 의철학과 의료윤리 연구에 반영되는 것은 여기까지일 뿐이다. 일본은 유교·불교·도교와 신도 등 전통 사상의 영향을 받아 왔음에도 불구하고, 일본의 의철학과 의료윤리 연구는 대개 서양, 특히 영미권의 이론과 논의에 크게 의지한다.[82] 전통 의학을 대상으로 한 연구도 빈약하다. 그런 점에서 일본에서 의철학과 의료윤리는 수입품의 성격이 강해 보인다. 전통적으로 내려온 사상을 바탕으로 한 의철학과 의료윤리가 보강될 때 일본의 의철학·의료윤리는 더욱 일본인의 생로병사와 의료를 위한 것이 될 수 있을 것이며, 새로운 논의를 공급함으로써 세계의 의철학·의료윤리 연구에 기여할 수 있을 것이다.

또한 서양에서 의료윤리의 필요성과 중요성이 대두된 배경에는 그들이 경험했던 의료인들의 비윤리적 행위와 이에 대한 반성이 있었다.[83] 그런데 일본은 제2차 세계대전 중 731부대의 생체 실험이라는 경험이 있음에도 불구하고, 일본의학철학·윤리학회를 포함해서 일본의 주류 의학계와 철학계는 이에 대해 언급을 꺼린다. 일부 문제의식을 지닌 의료인과 학자들이

82 권복규(2018), 9쪽 참고.

83 유럽에서 의료윤리의 필요성과 중요성이 대두된 배경에는 제2차 세계대전 중 의사들의 비윤리적 행위가 있었다. 즉 나치의 유대인 학살에 가담하고 생체실험을 자행한 의사들에 대한 반성을 거쳐 제네바선언과 뉘른베르크 강령이 만들어졌다. 또한 미국에서는 1932년부터 1972년까지 이루어졌던 터스키기 매독 실험의 비윤리성이 벨몬트보고서의 작성과 생명의료윤리 4대 원칙의 등장으로 이어졌다. 이처럼 그들이 현실에서 직면한 윤리적 문제에 대한 뼈저린 반성과 절실한 고민 속에서 공리주의, 의무론, 덕윤리 등 서양의 전통적인 윤리와 철학 이론에 바탕한 의료윤리 연구가 이루어졌다.

모여 2000년에는 〈15년 전쟁과 일본의 의학의료연구회〉, 2009년에는 〈전쟁과 의료윤리 검증추진회〉를 설립해서 731부대를 비롯해 전쟁 중에 일본 의료인들이 행한 비인도적 행위를 연구하고 반성하고 있는 실정이다. 현실의 문제를 해결하지 못하는 공허한 연구가 되지 않으려면 우선 일본의 의료계가 행한 과거의 비인도적 행위에 대해 일본의 주류 학계가 철저히 연구하고 반성하는 작업을 할 필요가 있다.[84]

최근 10년간 감염병 발생이 빈번해지면서 공중보건윤리가 관심을 받고 있다.[85] 특히 코로나19 팬데믹 사태가 벌어지면서 2020년부터 현재까지 전 세계를 사로잡은 화두는 감염병과 의료, 방역이다. 앞으로도 코로나19 감염병을 비롯해 감염병 관련 연구가 전 세계적으로 중시되고 많이 이루어질 것으로 예상된다. 코로나19 감염병 확산의 여파로 일본의학철학 · 윤리학회도 2020년 요코하마 시립대학에서 개최하기로 예정했던 제39회 학술대회를 결국 10월에 온라인으로 개최했으며, 규모를 축소해서 대회 주제 없이 개인 발표만 진행했다. 코로나19 감염병을 다룬 연구는 학술대회나 학술지에서 보이지 않았으며, 2021년 11월에 예정된 제40회 학술대회도 〈의료, 권리, 제도〉가 주제이다. 그러나 학회의 규슈지부는 2021년 9월 4일 제12회 학술대회를 〈코로나 재난에서 다시 사생관을 생각하다〉를 주제로 개최했다. 이 대회에서 미우라 야스히코(三浦靖彦)는 '코로나 재난에서 사전의료계

84 최근 10년뿐만 아니라 일본의학철학 · 윤리학회의 전체적인 활동에서 이에 대한 문제의식이나 연구를 발견하기 어려웠다. 그만큼 주류 학계는 이 문제를 외면하고 있는 것으로 보인다. 본고는 이 학회의 활동 중심으로 조사 범위를 한정했기에 본론에서도 전쟁 동안의 일본 의료계의 비인도적 행위 문제를 다루지 않았다.

85 Akabayashi(2020), pp.8-9 참고.

획(ACP) 방식을 다시 생각하다'로 특별 강연을 했다. 향후 방역과 공중보건, 인공호흡기와 백신 등 의료자원 분배, 팬데믹 상황에서의 삶과 죽음 등 감염병 관련 주제가 일본의 의철학과 의료윤리 연구에서도 많이 다루어지리라고 예상된다.

일본은 현재까지 온정주의와 공동체의 결정을 중시하는 경향으로부터 자기결정권, 개인의 자율성을 옹호하는 방향으로 이행해 나가고 있었다. 그런데 감염병 확산을 막기 위한 방역은 다시 모두의 건강을 위해 개인의 자유를 제한해야 하는 윤리적 갈등 상황을 초래한다. 온정주의, 방역, 공중보건, 자기결정권, 자율성 등 의료윤리의 고전적인 주제들은 이 팬데믹을 계기로 새롭게 조명될 것이다.[86] 또한 팬데믹으로 1년 반 넘게 죽음과 질병, 고통이 나와 내 가족에게, 혹은 가까이에서 일어나는 경험을 공유하면서 의철학의 고전적인 주제인 인간, 삶과 죽음, 질병과 고통은 더욱 절실한 문제로 다가오게 될 것이다.[87]

86 Akabayashi(2020), p.8 참고. 코로나19 팬데믹 상황에서 드러난 일본 정부의 폐쇄적, 관료적, 비민주적 대응은 한국 정부가 대응 초기부터 원칙으로 삼았던 개방성, 투명성, 민주성과 대조를 이룬다. 또한 일본 학계의 경향이 자율성 강조로 나아가고 있는 것에 비추어 보았을 때, 이러한 학계의 논의가 실제 방역에는 영향을 미치지 못하는 것이 아닌지 의구심을 갖게 만든다. 이는 일본의 학계가 정부에 대한 직접적인 비판을 자제하고 있는 탓도 클 것이다.

87 2021년 11월 6일과 7일 양일에 걸쳐 〈의료, 권리, 제도〉라는 주제로 개최할 예정인 일본 의학철학 · 윤리학회 학술대회에도 코로나19 팬데믹으로 절실해진 생과 사, 돌봄의 문제에 대한 관심이 보인다. 이 대회의 의철학카페(医哲Café) 섹션에서는 〈코로나19 위기 상황의 사전돌봄계획(ACP: Advance Care Planning)〉에 대해 의료인, 철학 · 윤리학 교수 등 네 명의 전문가가 논의한다. 그 밖에 〈자율의 취약성에 관한 일고찰〉, 〈공동의사결정에서의 '본인'이란 어떠한 주체인가?〉 등의 개인 발표들이 예정되어 있다.

현대 프랑스 의철학 연구의 두 측면*

조태구_ 경희대학교 인문학연구원 HK+통합의료인문학연구단
HK연구교수

* 이 글은 「프랑스 의철학 연구의 두 측면」(『의철학연구』 31, 2021)을 저서 형식에 맞게 수정 및 보완한 것이다.

1. 20세기 의철학의 두 연구 방향

의학과 철학은 고대 희랍에서부터 근대에 이르기까지 오랜 기간 불가분한 관계를 맺고 있었다. 그러나 과학과 기술의 발전으로 인해 의학이 점차 과학화되고 전문화됨으로써, 인간을 다루는 서로 다른 두 방식이었던 의학과 철학의 긴밀했던 관계는 단절되었다. 의학은 '과학적 의학'으로서 이제 인간보다는 질병을 연구하고 치료하며, 다른 자연과학들과 마찬가지로 철학적 논의로부터 아무것도 기대하지 않는다. 깡귀엠(Georges Canguilhem)의 표현대로, 의학은 철학적 반성에 '낯선 재료'가 되었으며, 현대적 의미의 '의철학'은 이런 의학과 철학의 단절이라는 역사적 사실을 배경으로 등장했다.

이러한 의철학은 흔히 20세기에 새롭게 등장한 철학의 한 분과로 언급되지만 이러한 규정에는 분명 오해의 여지가 있다. 의철학을 20세기에 새롭게 등장한 철학의 한 분과로 평가할 경우, 프랑스에서 이루어진 의철학적 논의들은 깡귀엠을 그 시작점에 놓아야 할 것이다. 그러나 프랑스 철학은 그 시작에서부터 의철학이었다는 말이 있을 정도로 이미 데카르트로부터 프랑스 철학사에서는 수많은 의철학적 논의가 매우 광범위하고 다양한 형태로 이루어졌다.[1] 20세기라는 시대 규정은 분명 영미권에서 진행된 의철학적 논의와 시대를 맞춘 협의가 짙다. 그럼에도 우리는 본 글에서 의철학을 20세기에 등장한 철학의 한 분과로 보는 견해를 받아들인다. 20세기 이후를 기준으로 잡았을 때 의철학 연구에서 유의미한 두 가지 서로 다른 연구 방향의 구분이 가능하기 때문이다. 좀 더 넓은 범위의 프랑스 의철학에 관한 연구는 '의학계의 의철학'과 '철학계의 의철학'이라는 별도의 구분을 가지고 독립적으로 연구될 필요가 있을 것이다. 이러한 작업은 후속 연구의 과제로 남겨 둔다.

일단 의철학을 20세기에 새롭게 등장한 철학의 한 분과로 정의할 경우, 의철학은 크게 영미 철학과 프랑스 철학이라는 서로 다른 두 철학적 전통 속에서 전개되었다고 볼 수 있다.[2] 각각의 철학적 전통에 따라 의철학은 연구 방법과 서술 방식에서 차이를 보일 뿐만 아니라, 무엇보다 그 연구 목적에서 큰 차이를 보인다.

먼저, 영미 철학 전통에서 의철학은 의료 행위와 관련된 구체적인 문제들을 해결하기 위한 의사들과 종교인들의 노력으로부터 시작되었다. 가령 의

1 이와 관련된 국내 연구로는 황수영(2014)을 참조할 수 있다.

2 영미철학적 전통과 프랑스철학적 전통이라는 구분은 지역이나 사용된 언어에 따른 구분이 아니라, 밑에 짧게 정리한 그 연구 내용에 따른 구분이다. 흔히 영미철학과 대륙철학이라는 구분 대신, 영미철학과 프랑스철학이라고 구분한 이유는 독일의 경우, 독자적인 의철학 전통을 형성했다기보다는 영미철학 전통의 의철학에 합류한 것으로 보이기 때문이다. '영미권 의철학'과 '프랑스 의철학'으로 구분할 수도 있겠으나, 이렇게 지역으로 구분할 경우 안 파고-라르조(Anne Fagot-Largeault)와 같은 의철학자가 푸코(Michel Foucault) 등과 함께 '프랑스 의철학'이라는 단 하나의 집단으로 묶이는 문제가 발생한다. 우리가 이 논문에서 제시하고 있는 두 흐름은 분명 실재하는 서로 다른 의철학의 두 연구 경향이다. 우리의 구분에 따르면 안 파고-라르조의 의철학적 성과들은 푸코 등의 의철학과 다른 그룹에 속하고, 구체적으로 프랑스 내 '영미철학적 전통의 의철학'에 속할 것이다.

학의 관심이 환자로부터 질병으로 옮겨 가면서 발생한 '질병으로부터 환자의 소외'나 '의료의 비인간화 문제', 정부와 자본의 개입으로부터 의사의 독립성을 확보하고자 하는 '의사의 독립성 문제', 생명과학과 의료 기술의 발달로 발생한 '생명윤리 문제'는 일차적으로 의사들과 종교인들이 당면한 문제였고, 후에 철학자들이 관심을 갖게 된 문제였다. 따라서 영미 철학 전통에서 의철학은 의학의 구체적 문제를 해결하려는 실천적 담론이라는 특징이 있으며, 이러한 문제를 해결하기 위해 기존의 윤리학이나 과학철학 등의 논의를 해당 문제에 적용하는 방식으로 시작되었다. 이것이 의철학을 윤리학 · 과학철학과 구분되는 독자적인 학문으로 규정하고 설립하는 문제가 최근까지도 영미 철학 전통의 의철학에서 가장 시급하고 중요한 문제들 중 하나로 다루어졌던 이유이다. 요컨대 영미 철학 전통에서 전개된 의철학의 주된 경향은 펠레그리노(Edmund D. Pellegrino)가 분류한 의학과 철학이 만날 수 있는 네 가지 방식 중, 주로 '의학에서의 철학(philosophy in medicine)'에 해당한다.[3]

반면, 프랑스 철학 전통에서 의철학은 19세기 몽펠리에 학파와 파리 임상의학파 간에 벌어진 생기론 논쟁이 파리 임상의학파의 승리로 종결된 이후, 실험의학이 의학의 전형으로 받아들여지던 시대적 상황을 배경으로 깡귀엠에 의해 시작되었다. 이미 다른 존재들에게는 없는 생명체만의 고유한 원리가 있는지를 따지는 19세기의 이 치열했던 논쟁의 성격으로부터 유추할 수 있는 것처럼, 프랑스 철학 전통의 의철학은 의료 행위와 관련된 어떤 구체적인 문제를 해결하기 위한 것이 아니라, 의학을 매개로 좀 더 추상적인

3 Pellegrino(1998), p.323.

문제를 연구하기 위한 것이었다. 프랑스 철학적 전통에서 의철학은 언제나 '의철학' 이상이기를 원한다.

> "철학은 하나의 반성인데, 그 반성의 재료는 철학에게는 낯선 것이 좋으며 좋은 반성의 재료는 반드시 철학에게 낯설어야 한다. 나는 철학 공부를 마친 수년 후에 철학을 가르치면서 동시에 의학 공부를 시작했는데, 그렇게 한 몇 가지 이유를 설명하고자 한다. 나는 의학에 관심을 가지는 철학 교수보다 정신 질환을 더욱 잘 이해하기 위해서 그렇게 한 것이 아니다. 더욱이 그것이 어떤 과학적인 영역에서 실제로 활동하기 위해서도 아니다. 우리는 정확히 의학으로부터 구체적인 인간의 문제로 들어가기를 기대한다."[4]

인용한 문장에서 확인할 수 있는 것처럼, 깡귀엠에게 의학은 참여의 대상이 아니라 반성의 대상이다. 그리고 이러한 반성도 인간의 문제를 다루기 위한 것이지, 의학에 내재하는 문제들을 해결하기 위한 것이 아니다. 심지어 깡귀엠은 의학에 대한 철학의 직접적인 개입을 명시적으로 경계한 바 있다. '형이상학을 의학에 통합시킴으로써 의학을 혁신하려' 시도하는 일도, '의학 활동에 대해 어떠한 규범적인 판단을 내리려' 시도하는 일도 그에게는 모두 의학에 대한 철학의 비뚤어진 관심일 뿐이다.[5] 의학은 철학적 개입의 대상이 아니라 철학적 반성의 재료로 남아 있어야 하며, 이러한 반성을 통해 철학은 의학으로 들어가는 것이 아니라, 의학을 매개로 철학의 문제로,

4 Canguilhem(1999)/여인석 역(2018), 45-46쪽.

5 Canguilhem(1999)/여인석 역(2018), 46쪽.

인간의 문제로 나아가야 한다는 것이다.

실제로 깡귀엠이 의학에 관심을 가졌던 이유는, 비샤(Marie François Xavier Bichat)가 말한 것처럼, 병에 걸릴 수 있는 것은 생명체뿐이기 때문이다. 생명의 고유함은 질병을 통해 표현되며, 따라서 질병을 다루는 의학에 관한 철학적 탐구는 생명철학을 지향할 수 있다. 또 질병을 치료하는 것이 인간만의 고유한 행위라면, 우리는 의학에 관해 철학적으로 탐구함으로써 인간의 본질에 관해 탐구할 수도 있다. 즉 깡귀엠이 의학이라는 철학에 낯선 재료를 반성하면서 묻는 궁극적 질문은 "생명이란 무엇인가?"이며 "인간이란 무엇인가?"이다. 그리고 이러한 프랑스 철학 전통의 의철학이 지니는 확장적 성격은 푸코와 다고네(François Dagognet)의 의철학에서도 동일하게 나타나며, 최근 이루어지고 있는 보름스(Frédéric Worms)의 '돌봄'에 관한 연구에서도 확인된다.

푸코가 임상의학과 정신의학에 관한 탐구를 통해 앎과 권력의 문제를 탐구했다는 사실은 잘 알려져 있으며, 본인이 의사이기도 했던 다고네는 의학과 치료에 관한 연구를 통해 인식론을 탐구했고 궁극적으로는 새로운 유물론의 가능성을 탐색했다.[6] 또 베르그송(Henri Bergson) 연구자로 국내에도 잘 알려진 보름스는 돌봄을 인간의 원초적 사실이며 모든 도덕적 관계의 의미 자체라고 규정하면서, 돌봄에 관한 연구를 통해 인간의 도덕적 본성을 탐구하고, 나아가 생명의 본질에 관해 탐구하고 있다.[7] 이런 철학적 전통에서 의철학을 독립적 학문으로 규정하려는 시도는 무의미하다. 프랑스 철학 전통

6 Dagognet(1984).

7 Worms(2010).

의 의철학은 펠레그리노가 분류한 의학과 철학이 만날 수 있는 네 가지 방식 중, '의학에 대한 철학(philosophy of medicine)'에 해당하고,[8] 언제나 윤리학이나 정치철학, 형이상학으로 확장되기를 시도한다.

프랑스의 가장 권위 있고 전통 있는 두 철학 학술지인 《Revue philosophique de la France et de l'étranger》(이하 『RPFE』)와 《Revue de métaphysique et de morale》(이하 『RMM』)은 2009년과 2014년에 각각 '의철학(philosophie de la médecine)'이라는 부제를 달고 해당 호를 발행했다. 『RMM』은 프랑스 철학 전통의 의철학에서 여전히 핵심적인 위치를 차지하는 깡귀엠의 의철학이 지니는 그 현재성을 생명윤리 중심으로 탐구하고 있으며, 『RPFE』는 생물학적 기능 개념을 둘러싼 논쟁들을 중심으로 영미 철학 전통의 의철학을 소개하고 있다. 본 글은 이 두 학술지에 수록된 논문들을 살펴보면서, 현재 프랑스에서 이루어지고 있는 의철학의 연구의 두 측면을 소개하고자 한다.

2. 깡귀엠과 함께 사유하기

『RMM』은 『RPFE』와 더불어 프랑스를 대표하는 철학 학술지로서 달뤼(Alphonse Darlu)의 제자였던 브랑쉬빅(Léon Brunschvicg), 레옹(Xavier Léon), 알레비(Élie Halévy) 등으로 구성된 젊은 철학자들의 모임이 주도하여 1893년 창간되었다. 라베송(Félix Ravaisson)과 푸앵카레(Jules-Henri Poincaré)가 창간호에 논문을 수록할 만큼 창간과 동시에 프랑스 철학계의 중심적 위치를

8 Pellegrino(1998), p.325.

차지했으며, 그 위상은 오늘날까지 이어지고 있다. 레옹과 발 등 당대의 저명한 철학자들이 편집장을 맡았으며 현재는 현대 데카르트 해석의 한 축을 차지하는 깡부쉬네(Denis Kambouchner)가 편집장을 맡고 있다. 창간 당시에는 일 년에 여섯 번 발행되었으나 1920년부터 네 번 발행하는 체계로 정착되었다.

『RMM』은 2014년의 두 번째 학술지를 '의철학'이라는 부제를 붙여 발행했다. 앞서 보았던 것처럼 『RPFE』가 동일한 제목 아래 영미 철학적 의철학의 논의들을 소개했던 것과 달리, 『RMM』은 프랑스 철학적 의철학의 중심에 위치한 깡귀엠과 관련된 논문들을 수록했다. 그러나 수록된 논문들은 일반적인 철학사 연구들과는 성격이 달랐다. 해당 호에 수록된 논문들은 깡귀엠의 텍스트를 세밀하게 분석하여 깡귀엠의 철학 내부에 존재하는 난점들을 해결하거나, 그의 철학에 대한 새로운 해석적 관점을 제시하지 않았다. "그들은 우리의 것인 이론적이고 실천적 상황을 해석하고 경우에 따라 비판하기 위해 깡귀엠의 작업에 기댄다."[9] 서문을 작성한 가이(Marie Gaille)는 해당 호에 수록된 이러한 논문들을 '깡귀엠과 함께 사유하는' 작업들이라고 칭한다.[10] 브라운슈타인(Jean-François Braunstein)이 말한 것처럼, 깡귀엠에 대한 추모의 시대는 지났고, 그와 '함께 작업하고', 깡귀엠에 '뒤이어' 작업하는 시대가 왔다.[11]

구체적으로 해당 호에 수록된 논문들은 깡귀엠의 작업으로부터 출발하

9 Gaille(2014), p.162.

10 Gaille(2014), p.162.

11 Braunstein(2007), p.9. Gaille(2014), p.159에서 재인용.

여 생명윤리의 문제, 돌봄과 의료윤리의 문제를 다루었다.[12] 가이에 따르면 프랑스 철학계에서 깡귀엠에 대한 수용은 크게 세 가지, 인식론(과학사와 과학철학)과 정치철학(사회적인 것과 생명적인 것, 의료적인 것이 연계된 생명정치), 의료윤리(환자와 개인적 규범성)의 방향으로 진행되었지만, 이 세 가지 경향 가운데 가장 취약한 것은 세 번째 의료윤리 혹은 생명윤리와 관련된 부분이다. 심지어 깡귀엠을 무엇보다 인식론자 혹은 과학철학자로 보는 연구자들은 이 세 번째 경향의 해석에 대해 명시적으로 비판적인 태도를 취해 왔다. 결국 『RMM』의 해당 호는 깡귀엠과 함께 생명의료윤리를 사유함으로써, 깡귀엠에 관한 철학사적 연구에도 일정 부분 기여하는 것을 목표하고 있다고 볼 수 있다.

1) 돌봄의 철학과 생명윤리

먼저 돌봄 철학 연구 분야에서 현재 왕성하게 활동하고 있는 르페브(Céline Lefève)는 자신의 논문 「조르주 깡귀엠의 의철학으로부터 의료적 돌

12 다만 해당 호의 서문 바로 뒤에 배치된 크리뇽(Claire Crignon)의 논문은 예외적이다. 깡귀엠의 「코페르니쿠스적 세계 속에 베살리우스적 인간: 1543」(L'homme de Vésale dans le monde de Copernic: 1543)이라는 글에 대해 비판적인 입장을 취하고 있는 이 논문은 의철학이라기 보다는 인식론 혹은 과학철학으로 분류되어야 하는 글이다. 생리학 혹은 해부학의 합리성에 대한 평가는 깡귀엠이 그렇게 했던 것처럼 코페르니쿠스와 베살리우스의 비교를 통해서 내려져야 하는 것이 아니라 코페르니쿠스와 하비의 비교를 통해 이루어져야 함을 설득력 있게 주장하고 있는 이 논문은 그 자체로는 흥미롭지만, 해당 호의 다른 논문들과는 성격이 너무 다르다. 우리는 이 논문을 논의에서 생략한다. 또 깡귀엠 의철학의 다양한 측면들과 그것이 현재 활용되고 있는 여러 상황을 소개하고 있는 뒤리브(Barthélemy Durrive)의 논문 「의철학에서 깡귀엠의 다양한 현재성」(Actualité plurielle de Canguilhem en philosophie de la médecine)도 같은 이유로 우리 논의에서 생략했다.

봄의 철학으로」(De la philosophie de la médecine de Georges Canguillem à la philosophie du soin médical)를 통해 돌봄 철학이 그 이론적 토대를 깡귀엠의 의철학에 두고 있으며, 그것의 목적성 역시 깡귀엠의 의철학적 작업의 연장 속에 있다고 밝혔다. 그녀는 돌봄 철학에 제기된 두 가지 비판을 열거하고 이 비판들 각각에 대한 돌봄 철학의 답변이 깡귀엠의 의철학에서 동일하게 발견할 수 있는 내용이라는 점을 밝히면서 이를 논증했다.

먼저 돌봄 철학에 제기된 비판은 그것이 반과학주의적이며 기술 혐오적이라는 비판이다. 돌봄 철학이 지나치게 전문화되고 표준화된 의료 상황을 비판하고, 환자와 의사 사이의 개인화된 돌봄을 가로막는 기술적 매개에 주의를 환기시켰다는 점이 돌봄 철학에 이러한 비판이 제기되도록 만든 근거이다. 그러나 르페브에 따르면, 돌봄 철학은 객관적인 것과 주관적인 것, 기술적인 것과 인간적인 것, 이성적인 것과 관계적인 것을 서로 대립시키지 않는다. 돌봄 철학은 다만 '이것들이 돌봄에 함께 참여한다는 점을 증명하고, 그것들이 병리학 및 의료적 상황과 관련하여 어떻게 실천적으로 결부될 수 있는지를 자문'[13]할 뿐이다. 돌봄 철학이 이해하는 돌봄은 이중적인 성격이 있으며, 이러한 이중성은 의학을 과학으로 정의하고, 또 동시에 기술로도 정의했던 깡귀엠의 의학에 대한 이중적 정의에 토대를 두고 있다. 그녀는 의학의 기술적인 측면이 강조된 『정상적인 것과 병리적인 것』에서의 논의와 의학의 과학성이 무엇보다 강조된 깡귀엠의 논문 「의학의 인식론적 지위」(Le statut épistémologique de la médecine)[14]를 언급하며, 깡귀엠에게서

13 Lefève(2014), p.200.
14 Canguilhem(1959).

의학은 과학으로도 돌봄의 기술로도 환원되지 않으며, 의학 안에서 그 둘이 서로를 배척하지 않으면서 공존한다고 주장했다. 깡귀엠에 따르면 의학은 그 자체로 이중적이다. '의학의 과학성은 치료적 효율성의 조건'이며 "의학이 생명과학이라면 이는 의학이 돌봄의 기술이기 때문이다."[15]

돌봄 철학에 제기된 두 번째 비판은 그것이 돌봄을 받는 자의 주체화와 개인화를 촉진한다는 점이다. 19세기부터 발전된 건강 의학은 사회적으로 건강에 대한 개인의 책임을 강조함으로써 건강에 대한 사회적 규범들을 사회 구성원으로 하여금 스스로 내재화하도록 이끌었다. 환자 자율성에 대한 강조는 다른 측면에서 보면 책임의 전가일 뿐이며, 사회를 구성하는 개인들을 보건 정책이나 돌봄 제도에 맞게 동질화시키는 결과에 이를 수 있다. 그러나 르페브에 따르면, 돌봄 철학은 '돌봄의 개인화'와 '개인화의 돌봄'을 구분한다.[16] 그리고 '돌봄의 개인화', 즉 '개인화의 돌봄'을 통해 추구되는 주체성은 사회적 재적응을 목표로 하고, '개인화의 돌봄'이 목표로 하는 것은 주체의 규범성 혹은 활동 능력의 회복이다. 돌봄 철학은 개인을 사회와 분리시켜 개인에게 책임을 전가하려는 시도도 아니고, 또 사회적 규범을 내재화시킴으로써 개인성을 제거하려는 시도도 아니다. 돌봄 철학에서 동반(accompagnement)과 개인화는 분리되지 않는다. 그것은 환자에게 개입하지만 개인성을 존중하며 개입하고, 그 궁극적 목적은 환자의 사회적 재적응이다. 르페브에 따르면 이 역시 그 이론적이고 실천적인 토대를 깡귀엠에게서 발견했다. 깡귀엠에 따르면 건강은 주어진 규범들에 자신을 맞추는 것이

15 Lefève(2014), p.203.
16 Lefève(2014), p.201.

아니라, '자신의 삶의 규범을 스스로 제정할 수 있는 주체의 능력'을 의미한다.[17] 따라서 의료 현장에서 의사는 환자의 개인적 규범과 가치에 귀 기울이고 환자의 자유를 존중해야 하지만, 이러한 개인성을 존중하는 동반은 환자가 스스로 자신의 규범성을 회복하여 사회로 복귀할 수 있도록 만들기 위한 것이다.

그러나 이러한 르페브의 주장이 어떠하든, 브라운슈타인에 따르면 깡귀엠의 의철학은 돌봄의 철학과 아무런 상관이 없을 뿐만 아니라 그것과 대립하고, 이러한 상황은 생명윤리와 관련해서도 마찬가지이다. 브라운슈타인은 『RMM』의 해당 호에 수록된 자신의 논문 「생명윤리 혹은 의철학?」(Bioétique ou philosophie de la médecine?)에서 최근 깡귀엠에게 돌봄의 철학 혹은 생명윤리에 어떤 역할을 마련해 주려는 시도들이 있지만, 이러한 시도들은 사실적 차원과 이론적 차원 모두에서 문제적이라고 지적했다.[18] 우선 사실적 차원에서 브라운슈타인은 깡귀엠의 『정상적인 것과 병리적인 것』에 '돌봄(soin)'이라는 단어가 단 한 차례도 등장하지 않았다고 지적했다. 이는 다만 깡귀엠뿐만 아니라 그의 세대 전체가 이 용어 자체에 관심이 없었다는 사실을 방증한다. 따라서 주목하지도 않았던 개념을 중심으로 전개되는 논의와 깡귀엠이 관계를 맺었을 까닭은 없다. 반면 생명윤리는 깡귀엠의 생전에 이미 시작된 논의이고, 실제로 깡귀엠은 이 논의에 참여할 것을 수차례 요청받았다. 그러나 깡귀엠은 명시적으로 이 논의에 참여하기를 거부했으며, 브라운슈타인은 미출간 유고를 통해 그가 얼마나 이 생명윤리라는 '유

17 Lefève(2014), p.217.
18 Braunstein(2014), p.239.

행'에 비판적이었는지를 보여주었다.

그런데 이러한 사실적 차원을 넘어서 더 근본적으로, 브라운슈타인은 돌봄의 철학과 생명윤리가 깡귀엠이 말한 철학이 잘못된 동기로 의학에 관심을 가지게 되는 대표적인 두 경우, 즉 우리가 서문에서 인용한 바 있는 '형이상학을 의학에 통합시킴으로써 의학을 혁신하려는' 경우와 '의학 활동에 대해 어떠한 규범적인 판단을 내리려는'[19] 경우에 해당한다고 말했다. '지나치게 기술적이고 비인간화되었으며, 〈돌봄〉을 희생시키면서 집요하게 〈치료〉로 향해져 있다고 판단되는 의학에 대립하는 돌봄의 철학'이 첫 번째 경우에 해당한다면, 의학에 어떤 윤리적 규범을 부여하려는 생명윤리는 두 번째 경우에 해당한다. 그러나 '철학은 의학에 형이상학도 윤리도 부여해서는 안 된다. 의사에게 그의 활동의 이러저러한 구체적인 경우에 해야 할 바를 말해 주는 것은 철학자가 아니라', 의사 자신이다.[20]

브라운슈타인은 깡귀엠의 생명윤리에 대한 반감이 가장 근본적으로는 이 마지막 부분과 관련되어 있다고 판단했다. 즉 브라운슈타인에 따르면, 깡귀엠의 생명윤리에 대한 반감은 생명윤리가 제시하는 이러저러한 규범들이나 심지어 생명윤리 자체에 대한 것이라기보다는 생명윤리가 등장하게 된 그 배경, 생물학이 의학을 대체함으로써 전통적인 의사-환자의 관계가 사라지는 그 상황에 대한 것이다. 브라운슈타인은 명시적으로 생명윤리를 다룬 깡귀엠의 유일한 텍스트인 그의 유고 「의료윤리: 권력과 의무, 지식의 사이에서」(L'éthique médicale: entre pouvoir, devoir et savoir)[21]를 통해 이를

19 Canguilhem(1999)/여인석 역(2018), 46쪽.
20 이 단락의 모든 인용은 Braunstein(2014), p.241.
21 Canguilhem(1993).

밝혔다. '통제의 의도를 가지고, 전통적으로 의학에 부여되어 있던 책무들을 점점 더 생물학이 짊어지고 있다는 점'[22]이 깡귀엠에게는 무엇보다 우려스러운 점이었고, 이러한 우려는 생물학은 인간이 아니라 생명체를 고려하는 학문이라는 점으로부터 발생한다.

이와 동일한 관점은 『RMM』의 해당 호에 수록된 르블랑(Guillaume Le Blanc)의 논문 「생명윤리의 고고학」(Archéologie de la bioéthique)에서도 확인된다. 르블랑에 따르면, 깡귀엠은 생명윤리를 전개한 바 없으며, 이는 생명윤리라는 것이 특별한 조건 속에서 등장하는 담론이기 때문이다. 르블랑은 생명윤리 개념이 출현한 개념의 역사를 추적하면서, 생명윤리가 생명에 대한 무조건적인 가치가 인정될 때 발생한다는 점을 밝혔다. 생명윤리가 전개되어 온 두 갈래 길인 생태학적 생명윤리와 의료적 생명윤리는 많은 경우 대립하지만, 생명이라는 무조건적인 가치를 공유한다. 이 두 관점에서 인간이 존중받아야 하는 존재로 여겨진다면 이는 인간이 다만 인간이기 때문이 아니라, 생명을 지닌 인간이기 때문이다. 따라서 "생명윤리가 존재하기 위해서는 치료적 관계에서 환자가 고려해야 할 개인으로 출현한다는 점만으로는 부족하다."[23] 즉 환자의 개인성을 깡귀엠이 아무리 강조했다고 하더라도 그에게는 생명윤리가 존재하지 않는다. 생명체들 간의 관계가 아니라, 의사-환자라는 전통적인 인간과 인간의 관계를 중시하는 깡귀엠의 의철학에는 생명윤리가 출현할 조건이 아직 마련되어 있지 않았다. 깡귀엠의 의철학에는 생명윤리가 위치할 자리가 없다.

22 Canguilhem(1993). Braunstein(2014), p.242에서 재인용.
23 Le Blanc(2014), p. 231.

2) 생명윤리가 아닌 의철학으로, 생명의 형이상학으로

그러나 브라운슈타인의 논문도 르블랑의 논문도 결국 말하고자 하는 바가 '깡귀엠의 의철학은 생명윤리가 아니다'라는 사실에 있지 않다는 점에 주목해야 한다. 우리는 지금까지 이들의 논문이 돌봄의 철학 혹은 생명윤리 안에 깡귀엠을 위치시키려는 르페브의 논문에 대한 반박인 것처럼 글을 구성했지만, 이러한 내용은 이들 논문의 부수적인 주장일 뿐이다. 이들이 논문을 통해 밝히고 주장하고자 하는 바는 이보다 넓고 깊은 것이다. 이들의 논문에서 깡귀엠에 대한 논의가 차지하는 분량도 사실 그리 많지 않다.

먼저 르블랑의 논문은 '생명윤리의 고고학'을 통해 생명윤리가 제기되는 조건이 생명에 대한 절대적인 가치 부여임을 밝혀내고, 이렇게 등장한 생명윤리는 '생명체에 대한 통치'이며, '인간의 생명을 경영하고 조절하기 위해 설립된 대책'이라는 점을 밝히는 데 목적이 있다.[24] 즉 인간의 생명이란 절대적 가치인 생명이 인간 안에서 특정한 방식으로 조정된 하나의 양태이며, 현대 과학기술의 발전으로 인해 이 양태를 인간 스스로 조정할 수 있게 됨으로써 그에 대한 대책으로 등장한 것이 바로 생명윤리이다. 생명윤리의 맥락에서 위기는 '생명에 의한 인간의 훼손'이 아니라 '기술적이고 과학적인 지배 형태로 이루어지는 인간에 의한 삶의 훼손'이다.[25] 르블랑은 이러한 맥락에서 기술적이고 과학적 개입이 허용되는 생명의 부분과 그것이 결코 허용되지 않는 '생명의 토대' 사이의 구분이 생명 내부에 세워진다고 말했다.

24 Le Blanc(2014), p. 236-7.
25 Le Blanc(2014), p. 237.

그리고 생명윤리는 바로 이러한 구분의 설계에 참여한다. 따라서 생명윤리는 결코 손댈 수 없는 '생명의 토대'가 있다는 관념을 옹호하며, 그것이 궁극적으로 던져야 하는 질문은 "이 '생명의 토대'가 무엇인가?", 즉 "생명이란 무엇인가?"이다. 생명윤리는 생명의 형이상학으로 향해져 있다.

반면 브라운슈타인도 르블랑과 마찬가지로 생명윤리의 발전 단계를 고찰했지만, 르블랑과는 달리 생명윤리에 대해 비판적인 입장을 취했다. 그가 생명윤리의 발전 과정과 그보다 더 오래된 의료윤리와 의료 직업윤리에 관한 고찰을 통해 궁극적으로 목표하는 바는 '의철학의 재발견'을 통해 '생명윤리의 대안으로서' '의철학'을 제시하는 것이다.[26] 물론 이때 그가 말하는 의철학은 20세기 새롭게 등장한 오늘날의 의철학이 아니라, 오랜 역사를 통해 축적된 의사 전문가로서의 직업윤리 혹은 오랜 의료적 행태였던 의사-환자 관계 사이에서 형성된 의료윤리를 의미한다. "의사는 우선 의료적 전통 자체를 참조해야 한다."[27] 그리고 이러한 전통이 말해 주는 바는 '의료윤리가 의사와 환자 사이에 성립되는 관계의 지평을 보전하려고 노력'해야 하고, '우리 각자가 자신의 윤리적 선택의 주인이 되도록 하여야 한다'라는 점이다.[28] 그런데 브라운슈타인은 이러한 의료윤리가 다만 의료의 영역에 한정되는 것이 아니라 보편적인 것이 되기를 주장하는 것처럼 보인다. 그에 따르면, "의료윤리는 의학만큼 오래되었고, 심지어 어떤 의미로는, 서양의 다른 모든 윤리보다 오래되었다."[29] 즉 의료윤리는 윤리의 원형이며, 이러한

26 Braunstein(2014), p.243.
27 Braunstein(2014), p.255.
28 Braunstein(2014), p.252.
29 Braunstein(2014), p.251.

의료윤리의 탐구는 윤리의 원형에 대한 탐구이다. 또 그는 "우리 각자에 의한 윤리의 자기화(appropriation)는 윤리가 전문가들에게 맡겨질 수 있다는 관념을 비판하기에 이른다."라고 말했다.[30] '민주주의와도 양립될 수 없는' 도덕 전문가라는 관념은 그가 보기에는 단적으로 오류이다. 환자-의사 관계처럼 우리 각자는 다만 생명체와 생명체의 관계가 아니라, 인간과 인간의 관계로 맺어져야 하고, 그 관계에서 우리 각자는 자신의 윤리적 선택의 주인이 되어야 한다. 브라운슈타인이 논문에서 주장하는 것은 분명 모든 영역에 적용될 수 있는 일반 윤리로서의 의료윤리, 그 자신의 고유한 의미로 정의된 '의철학'이다.

3) 깡귀엠을 가지고 사유하기

앞서 말했던 것처럼 『RMM』의 해당 호에 수록된 논문들은 일반적인 철학사 연구와는 다른 방식으로 논의를 진행한다. 그것들은 분명 깡귀엠의 의철학을 다루지만 깡귀엠의 의철학 내부에 존재하는 난점들을 해결하거나, 그에 대한 어떤 새로운 해석을 제시하지도 않는다. 이러한 방식을 '깡귀엠과 함께(avec) 사유하는' 작업이라고 불렀지만, '함께'가 어떤 주고받음을 의미하고, 텍스트와의 일종의 대화를 의미한다면 수록된 논문들은 깡귀엠과 '함께' 사유하지도 않는다. 논문의 저자들에게 깡귀엠의 의철학은 어떤 고정된 무엇으로 이미 결정되어 있다. 그들은 깡귀엠과 '함께' 사유하는 것이 아니라, 깡귀엠을 '가지고' 사유한다.

30 Braunstein(2014), p.254.

다만 가지고 있는 것이기에 사실상 『RMM』에 수록된 논문들은 깡귀엠을 언급하지 않고도 가능한 것들이었다. 논문들에서 깡귀엠의 의철학 자체에 관한 논의가 차지하는 분량이 그리 많지 않은 것도 이러한 이유이다. 르페브는 깡귀엠을 소환하지 않고도 돌봄 철학에 내재한 이중성을 설명할 수 있었고, 브라운슈타인은 굳이 깡귀엠을 언급하지 않고도 생명윤리를 비판하고 전통적인 의료 직업윤리에 토대를 둔 윤리관을 제시할 수 있었다. 또 르블랑 역시 단지 생명윤리의 역사를 고찰하는 것만으로도 생명윤리에 함축되어 있는 형이상학적 경향을 확인하고 주장할 수 있었다.

그러나 이러한 모습이 또한 프랑스 전통의 철학하는 방식이다. 주어진 문제들에 대해 여러 학자가 참여하여 진행되는 영미 전통의 철학과는 달리, 프랑스 전통의 철학 혹은 대륙 전통의 철학은 인물 중심으로 논의가 진행된다. 따라서 프랑스 철학계의 연구들 대부분은 철학사 연구들이며, 해당하는 철학자의 텍스트에 관해 면밀하게 분석하여 해당하는 철학에 내재하는 문제들을 해결하고, 다양한 해석적 관점들을 새롭게 제시함으로써 해당 철학자의 사유를 언제나 살아 있는 것으로 만든다. 그리고 이러한 작업들은 학계에 공유되고 수년간의 교육과 연구 과정을 거쳐 이렇게 축적된 연구들을 체화한 누군가가 더는 철학사적 작업이 아닌 자신의 고유한 철학을 전개한다. 그는 더는 다른 철학자의 텍스트와 대화하지 않는다. 즉 그는 다른 철학자와 '함께' 하지 않는다. 그러나 그는 수많은 다른 철학자들을 자신 안에 '가지고' 있으며, 수많은 철학사 연구자들의 끈질긴 노력을 매개로 다른 철학자들을 체화하고 그것을 바탕으로 자신의 독창적인 사상을 전개한다.

『RMM』의 해당 호에 수록된 논문들은 이러한 프랑스 철학 전통의 연구 과정을 보여준다. 다만 여기에는 자신이 소유한 철학자의 이름, 깡귀엠이 언급되었다는 차이가 있을 뿐이다. 그들은 깡귀엠을 가지고 의철학을 전개했으며, 그들이 보여준 의철학은 의학의 구체적인 문제를 해결하려는 영미 철학 전통의 의철학이 아니다. 돌봄의 철학으로, 형이상학으로, 윤리학으로, 언제나 의철학 이상이기를 원하는 프랑스 철학 전통의 의철학이다.

3. 질병과 건강에 대한 자연주의적 관점

『RPFE』는 프랑스 실험심리학의 창시자로 알려진 리보가 1876년 창간해서 현재까지 유지되고 있는 프랑스의 가장 대표적인 철학 학술지이다. 레비-브릴(Lucien Lévy-Bruhl), 브레이어(Émile Bréhier) 등 당대의 저명한 철학자들이 편집장을 맡아 왔으며, 창간 당시에는 일 년에 두 번 발행되었으나 몇 번의 조정을 거쳐 1974년부터 현재까지 매해 세 번 발행하는 체계로 정착하였다.

『RPFE』는 2009년 199권의 1호를 '의철학'이라는 부제를 붙여 발행했는데, 영미 철학적 의철학의 가장 대표적인 논쟁 중 하나인 자연주의적 관점과 규범주의적 관점의 논쟁을 소개했다. 그러나 이 논쟁은 국내에도 잘 알려진, 부어스(Christopher Boorse)와 엥겔하르트(Hugo Tristram Engelhardt Jr.) 혹은 부어스와 노르덴펠트(Lennart Nordenfelt)의 논쟁으로 대표되는 질병과 건강 개념의 성격 규정 문제, 즉 질병과 건강 개념이 객관적인가 아니면 규범적인가를 따지는 논쟁이 아니다. 해당 호에 수록된 논문들은 질병과 건강 개념들이 생물학의 기능 개념을 통해 객관적으로 규정될 수 있다는 점에 동의한다. 문제는 이 생물학의 기능 개념이 규범적인가 아닌가 하는 점이다. 즉 자연주의적 관점과 규범주의적 관점 간의 대립은 질병이나 건강 개념과 관련하여 성립되는 것이 아니라, 질병과 건강 개념에 대한 자연주의적 관점을 가능하게 만들어 주는 생물학적 기능 개념과 관련하여 성립한다. 말하자면, 질병에 대한 자연주의적 관점 내에서 발생하는 자연주의적 관점과 규범주의적 관점의 대립이 문제이다.

1) '목적론적 기능'

해당 호에서는 먼저 듀크대학교 교수인 카렌 네안더(Karen Neander)의 「기능적 설명들(Les explications fonctionnelles)」을 번역하여 맨 앞에 배치했다. 네안더가 밝힌 이 논문의 목적은 '기능에 대한 규범적 개념이 지니는 규범성이 일정한 역할을 할 수 있다는 점을 고려하면서 (…) 생물학에서 [특히 생리학에서] 이루어지는 기능적 설명의 본성을 해명하는 것'[31]이다. 그러나 의철학을 다루고자 하는 『RPFE』의 해당 호가 그녀의 논문을 수록한 이유는 저자가 밝힌 이런 목적에만 한정되지는 않는다. 그녀가 제시하는 규범적 기능 개념이 부어스의 기능 개념과 대립하고, 그럼에도 기능의 정상성을 규정할 수 있으며, 이러한 규정은 다시 질병과 건강에 대한 객관적 개념을 설립하는 데 기여한다는 점이 논문을 수록한 더 직접적인 이유이다. 실제로 네안더 자신 역시 언급한 것처럼, 규범적 기능 개념에 토대를 두고 질병과 건강 개념을 규정하는 그녀의 방식은 인과적 기능 개념을 통해 정상 기능을 규정하고, 질병과 건강에 대한 객관적 개념을 제시하려는 부어스의 방식과

31 Neander(2009), p.5.

대립한다.[32] 그녀의 논문은 질병과 건강 개념에 대한 자연주의적 관점 내에서 부어스와 대립하는 하나의 입장을 대표하는 글로서 선택되었다.

네안더에 따르면, 규범적 기능이란 기능이 제대로 작동하지 않을 가능성을 허용하는 기능에 대한 개념이다. 목적론적(téléonomique) 혹은 원인론적(étiologique) 기능이 이런 규범적 기능에 속하며, 여기서 목적론적 기능이란 자연선택의 결과로 하나의 종에 속하는 생명체들이 공통적으로 지니는 생물학적 기능을 의미한다. 반면, 커밍스가 정의한 바와 같은 인과적 기능은 기능이 제대로 작동하지 않을 가능성을 허용하지 않는 기능에 대한 개념이다.[33] 따라서 멜라토닌을 분비하여 수면을 관장하는 송과선의 작용을 규범적 기능으로 이해할 때, 특정 송과선이 실제로 멜라토닌을 분비할 수 있든 없든 이 송과선은 이러한 기능을 가지고 있다고 판단되지만, 멜라토닌을 분비하는 송과선의 기능을 인과적 기능으로 생각한다면, 실제로 멜라토닌을 분비할 수 없는 송과선은 이 기능을 가지고 있지 않은 것으로 판단된다. 인과적 기능 개념에서 말하는 기능이란 어떠한 결과를 산출할 것으로 기대되는 무엇이 아니라, 실제로 그러한 결과를 산출하는 무엇을 지칭한다.

네안더는 이러한 규범적 기능 개념과 인과적 기능 개념과 관련된 보편적으로 받아들여지는 편견이 있다고 말했다. 그것은 생리학에서 이루어지는 조작적 설명(explication oprérationnelle)에서 인과적 기능은 주요한 역할을 하는 반면, 목적론적 혹은 원인론적 기능과 같은 규범적 기능들은 진화생물학에서 사용될 뿐, 생리학의 조작적 설명에서는 아무런 역할도 하지 못한다는

32 Neander(2009), p.8.
33 Neander(2009), pp.5,7.

믿음이다. 그러나 이러한 믿음은 무엇보다 사실에 부합하지 않는다. 네안더가 인용한 여러 글에서 확인되는 것처럼, 진화생물학이 아닌 다른 여러 생리학 분과들에서 규범적 기능들은 신체 기관들의 인과적 작동을 설명하기 위해 빈번하게 사용된다. 그럼에도 이러한 편견이 존속하는 이유는 크게 두 가지이다.

하나는 목적론적 기능과 같은 규범적 기능 개념이 '따라야 할 규범' 혹은 '달성해야 할 목적'처럼 기능을 다룬다는 점에서 창조론적 함의를 지니고 있다고 의심받기 때문이다. 커민스(Robert Cummins)가 말한바, 이러한 규범적 기능 개념은 명백히 의도를 확인할 수 있는 인공물에나 적합한 개념이다. 그러나 네안더에 따르면, 목적론적 기능 개념은 창조론과 관련이 없을 뿐만 아니라, 아리스토텔레스의 목적론과도 아무런 관련이 없다. 어떤 특성이 지니는 목적론적 기능은 이러한 특성이 선택되도록 만든 자연선택의 결과를 말할 뿐이며, 여기서 선택의 과정은 어떤 의도도 개입되지 않은 채 자연적으로 이루어진다. 멜라토닌을 분비하는 송과선의 기능이 자연선택의 결과라면, 오늘날 인간이 가지고 있는 송과선이 멜라토닌을 분비하고 수면을 돕는 기능을 수행할 것이라 기대하는 것은 자연스럽다. 여기에는 어떤 신학적인 혹은 형이상학적인 함의도 없다. 목적론적 기능의 생명체에 대한 기여는 신의 섭리를 보여주는 것이 아니라, 다만 자연선택의 과정을 거쳐 온 '어떤 특성의 오랜 인과적 역사의 그림'[34]을 보여줄 뿐이다.

편견이 존속하는 두 번째 이유는 생리학의 설명은 체계의 인과적 작동 과정에 대한 설명이며, 이러한 작동 과정에 대한 설명에서 중요한 것은 기능

34 Neander(2009), p.15.

이 실제로 어떻게 작동하는지를 아는 것이지, 그것이 어떻게 작동하도록 되어 있는지를 아는 것이 아니라는 점이다. 가령 내가 살고 죽는 것은 심장이 실제로 피를 공급하느냐 아니냐에 따라 결정되는 것이지, 심장이 피를 공급하도록 되어있느냐 아니냐에 따라 결정되지 않는다. 우리가 지닌 어떤 능력을 조작적 용어로 설명하려고 할 때 필요한 것은 인과적 기능 개념이지 규범적 기능 개념 혹은 목적론적 기능 개념이 아니다.

그러나 이러한 입장은 생리학자들이 마주해야 하는 일반화와 관련된 문제를 무시하는 일이라고 네안더는 말했다.[35] 실제로 생명체의 체계가 지니는 복잡성과 내적 혹은 외적인 원인으로부터 발생하는 무한한 가변성으로 인해 기능에 대한 직접적인 분석은 사실상 불가능하다. 각각의 생명체가 보여주는 복잡하고 가변적인 작동 체계들은 각각의 개인마다 고유하며, 한 개인 안에서도 상황에 따라 다르다. 따라서 생리학자들에게는 일반적인 방식으로 생명체의 작용들을 기술할 수 있도록 해 주는 방법이 필요했으며, 네안더에 따르면, 그들이 선택한 방식은 '이상화(idéalisation)'이다.[36] 생리학자들은 생명체의 이상적인 작동 체계를 염두에 두고 있으며, 이것이 바로 정상 체계이고 정상 기능들의 개념이다.

결국 문제는 정상 체계 혹은 정상 기능의 개념이며, 이러한 정상 기능들은 명백하게 목적론적이고 규범적이기에 네안더는 자신이 제시하는 목적론적 기능 개념이 이 역할을 매우 훌륭하게 수행할 수 있다고 주장했다. 네안더는 목적론적 기능 개념을 이용한 이상화의 8가지 장점을 나열했는데,

35 Neander(2009), p.19.
36 Neander(2009), p.23.

이 중 6번째와 7번째 항목은 건강과 질병 개념 규정의 문제와 직접적으로 연결된다. 즉 네안더가 말하는 목적론적 기능은 오랜 세월을 거친 자연선택의 결과를 반영한 것으로서, 이러한 목적론적 기능을 토대로 규정된 "정상 체계에 관한 분석은 우리에게 주목할 만한 예견 능력을 준다." 가령 그것은 송과선이 정상적으로 기능한다면 멜라토닌을 분비해서 수면을 유도할 것이라고 예견하도록 만들고, 송과선이 그렇지 못할 경우 야기될 수 있는 "병리적인 것을 설명하고 예견하도록 돕는다." 목적론적 기능에 토대를 둔 "이상화는 비정상에 대해 효과적으로 기술할 수 있도록 해 주며, 이러한 기술은 다시 체계의 정상적인 기능 조직을 이해할 수 있도록 돕는다." 즉 건강한 상태가 어떤 상태인지를 이해하고 설명할 수 있도록 해 준다.[37]

2) 통계적 연관성과 체계이론

『RPFE』는 네안더의 논문에 이어 순차적으로 「객관적으로 건강을 정의하기: 현대 역학의 관점에서 이루어진 부어스의 생물학적 통계 개념에 대한 평가」(Définir objectivement la santé: une évaluation du concept biostatistique de Boorse à partir de l'épidémiologie morderne)라는 제목의 지루(Élodie Giroux)의 논문과 「의철학에는 어떤 기능 개념이 필요한가?」(De quel concept de fonction la philosophie de la médecine peut-elle avoir besoin?)라는 제목의 포레스트(Denis Forest)의 논문을 수록했다. 지루의 논문은 제목에서 알 수 있듯이 부어스의 생물학적 통계 이론을 비판적으로 검토한 논문이고, 포레스트

37 이 단락의 모든 인용은 Neander(2009), p.32.

의 논문은 네안더의 원인론적 혹은 목적론적 기능 개념이 의학에 적용되기에 적절하지 않다는 점을 밝힌 논문이다.

먼저 지루의 논문을 살펴보자. 지루에 따르면 부어스의 생물학적 통계 이론은 부어스 자신이 생각했던 것과는 달리 기술적이기보다는 가정적이다. 그리고 지루에 따르면, 이러한 그의 이론이 내포한 가정적 성격은 무엇보다 그의 통계적 정상성(normalité statistique) 개념의 사용에서 드러난다. 가령 부어스는 통계를 내기 위한 준거집단의 구분과 관련하여 매우 자의적인 입장을 보였다. 대체 "그는 어떤 이론적 원리 위에서 동일한 준거집단 내의 정상 변이와 새로운 준거집단의 기원이 되는 변이를 구분하는가?"[38] 부어스는 자신이 단지 생리학에서 다루어지는 바를 기술할 뿐이라고 말했지만, 그가 반복해서 노인층을 하나의 독립된 준거집단으로 구분하기를 주장할 때, 그는 생리학적 규정을 단순히 기술하는 데에 머물러 있는 것이 아니라, 명백히 그것을 새롭게 규정하고자 한 것이다.

지루에 따르면, 기능의 효율성 측정과 관련해서도 부어스는 세 가지 점에서 가설적이다. 우선 부어스 자신도 인지하고 있었던 것처럼, 의학이 측정하는 것은 기능의 효율성 자체가 아니라 기능이 수행되는 과정이다. 우리는 맥박수를 측정하지 심장이 얼마나 피를 효율적으로 공급하는지를 측정하지 않는다. 따라서 부어스는 하나 이상의 생물학적 기능 능력이 준거집단 내의 전형적인 효율성 이하로 감소된 상태를 질병이라 정의했지만, 이 효율성 자체가 측정될 수 있는 것이 아니라 다만 추정될 수 있는 것에 불과하다. 다음으로 부어스는 이 기능의 효율성 분포가 정규분포를 그릴 것이라고 자

38 Giroux(2009), p.48.

명하다는 듯이 말했지만, 동일한 대상을 연속해서 측정하는 경우가 아니라 다수의 개인을 연속적으로 측정하는 경우라면 부어스의 이러한 주장은 이론적으로도 경험적으로도 확립된 주장이 아니다. 마지막으로 지루는 부어스의 생물학적 통계 이론에서 정상적인 것과 병리적인 것을 구분하는 기준 역시 자의적이라고 말했다. 이는 단순히 어느 구간까지를 정상으로 정해야 할 것인지가 모호하다는 사실만을 의미하지 않는다. 그러한 구분의 존재 자체가 문제가 되는 질병들이 있다.

이 마지막 부분과 관련하여 지루는 현대 역학(épidémiologie)의 성과들을 인급했다. 역학적 분석이 발전함에 따라 생리학적 변수들과 이환율 및 사망률의 상관관계가 점점 더 세밀하게 밝혀지게 되었고, 평균과의 아주 작은 차이도 이미 병리적인 상태일 수 있다는 점이 밝혀졌다. 따라서 정상적인 것과 병리적인 것 사이의 전통적인 구분은 더는 무의미해졌다. 정상적인 상태와 병리적인 상태는 질적인 차이가 아니라 다만 양적인 차이일 뿐이다. 그럼에도 여전히 정상적인 것과 병리적인 것 사이의 이분법을 유지한다면, 이는 이러한 구분이 이론적이고 자연적인 구분이라기보다는 의료적 개입을 위한 실천적 필요와 관련된 구분이기 때문이다. 즉 부어스의 "정상적인 것과 병리적인 것 사이의 구분 개념은 생리학의 이론적 개념이기보다는 실천적이고 임상적인 개념이다."[39] 그리고 바로 이러한 맥락에서 지루는 위험 요소들과 이환율 및 사망률의 통계적 연관성을 밝혀내는 현대 역학의 연구 결과를 질병과 건강 개념을 이론화하려는 연구들이 참조해야 한다고 강조했다.

다음으로 네안더의 원인론적 혹은 목적론적 기능 개념의 의료적 사용을

39 Giroux(2009), p.55.

직접적으로 비판한 포레스트의 논문을 살펴보면, 포레스트가 문제 삼는 지점은 크게 세 가지이다. 먼저 오늘날 의료적 맥락에서 급격히 늘어난 진화적 이론의 사용 맥락과 기능에 대한 목적론적 개념을 토대로 건강과 생물학적 정상성을 정의하려는 계획은 서로 양립할 수 없다는 점이다.[40] 포레스트에 따르면, 진화적 이론은 의료적 맥락에서 질병 발생에 대한 단기적 설명을 진화적 맥락을 고려한 장기적 설명으로 보충하기 위해 사용된다. 즉 진화적 이론은 의료적 맥락에서 병에 걸릴 수 있는 이유를 설명하기 위해 동원되는 것이지, 무엇이 건강이며 질병 상태인지를 정의하기 위해 동원되는 것이 아니다. 이는 자연선택이 종의 재생산에 관계하는 것이지, 종을 구성하는 개체들의 건강에 관계하는 것이 아니라는 점을 고려한다면 당연한 상황이다. 사실 성장을 촉진시킴으로써 종의 재생산에는 기여하지만, 성장기가 지난 일정 시기 이후에는 개체의 질병을 야기하는 생리학적 특성들은 얼마든지 생각해 볼 수 있다. 이러한 경우, 이러한 특성으로부터 기인하는 질병의 발생은 자연적 사실이며, 자연선택이 마련해 준 규범의 위반이 아니라 그것의 실현일 것이다.

두 번째로 포레스트가 비판하는 지점은 목적론적 기능 개념이 적용될 수 없는 병리적인 경우들이 존재한다는 점이다. 즉 그것의 '개념적 필연성'이 문제이다.[41] 사실 목적론적 기능 개념은 역사에 의존하기 때문에 달라진 환경에 의해 특정 기능이 정상적으로 작동하지만 유의미한 결과를 산출할 수 없게 된 경우와 역사 속에서 새롭게 획득한 개체의 특성에 병리적인 문제

40 Forest(2009a), p.64.
41 Forest(2009a), p.66.

가 생겼을 경우, 이 두 경우에 대해 적절한 설명을 제공할 수 없다. 먼저 역사가 새겨 놓은 기능을 정상적으로 수행하고 있지만 달라진 환경 속에서 그 기능의 역할이 불충분할 경우, 특정 개체가 목적론적 기능을 정상적으로 수행하고 있다는 점에서 건강하지만 실제로는 병에 걸려 있는 모순적인 상황이 발생할 수 있음을 인정해야 한다. 또 난독증처럼 개체가 역사 속에서 새로 획득된 능력과 관련된 병리적인 현상의 경우, 자연선택이 이 능력과 관련하여 아무런 역할을 한 바가 없기 때문에 목적론적 기능 개념은 이 병리적 현상에 대해 아무런 말도 할 수 없다.

마지막으로 포레스트가 비판하는 지점은 정상성 개념에 대한 생물학적 규정과 관련된다. 네안더의 목적론적 기능 개념은 정상성을 생물학적 적응과 관련시킨다.[42] 그런데 기능 이상 혹은 무능력은 곧바로 부적응 혹은 유해한 결과를 의미하는가? 장애인은 그 자체로 부적응자인가? 포레스트는 전혀 그렇지 않다고 생각한다. 장애인이 지닌 기능 이상은 그 자체로 부적응이라는 결과를 낳지 않는다. 장애인이 지닌 기능 이상을 부적응으로 만드는 것은 그가 살아가는 사회적 환경이다.

이렇게 네안더의 원인론적 혹은 목적론적 기능 개념을 토대로 생물학적 규범성을 확립하고 정상성을 규정하는 일은 성공할 수도 없고, 보편적으로 적용될 수도 없으며, 윤리적으로도 문제가 있다. 규범성은 다른 방식으로 확립되어야 한다. 포레스트는 질병과 관련된 체계이론(théorie systémique)의 연구에 주목할 것을 주장했다. "체계이론은 규범성의 근원이라는 역할을 진

42 그런데 포레스트에 따르면 이러한 기능 이상과 부적응의 관계는 네안더와 대립적인 입장에 있는 부어스의 이론에서도 동일하게 발견된다. Forest(2009a), p.71.

화적 역사에 내어 주지 않고도 기능 이상의 존재를 사유할 수 있게 해 줄 수 있다."[43]

3) 자연주의적 관념의 제삼의 길

그런데 주목할 점은 질병과 건강 개념에 대한 자연주의적 관점 내에 대립하는 두 입장, 기능에 대한 자연주의적 입장(부어스)과 규범주의적 입장(네안더)을 각각 비판하고 있는 지루와 포레스트의 논문들이 그렇다고 그 반대 입장을 지지하는 것 또한 아니라는 점이다. 먼저 지루의 논문은 부어스의 생물학적 통계 이론을 비판적으로 검토했지만, 그렇다고 네안더의 입장을 옹호하지도 않았다. 오히려 현대 역학의 인과론적 분석의 성과를 강조하고 질병과 건강의 이론화에서 통계가 지니는 중요성을 강조한다는 점에서 그의 입장은 네안더보다는 부어스에 더 가깝다고 평가할 수 있다. 또 네안더를 비판한 포레스트의 논문은 직접적으로 네안더의 목적론적 기능 개념을 비판했지만, 그렇다고 부어스의 입장에 동조하는 것도 아니다. 건강과 질병에 대한 객관적 판단에서 중요한 것은 통계가 아니다. 네안더의 주장처럼 규범으로부터의 벗어남이 판단 기준이 된다는 점은 분명하며, 다만 이 규범은 진화론적 이론이 아니라 생명체가 지닌 '능력들에 대한 체계적 분석(analyse systémique), 즉 능력들의 토대가 되는 메커니즘에 대한 검토를 매개로 한, 능력들의 작동에 관한 인과적 설명'[44]으로부터 제시되어야 한다.

43 Forest(2009a), p.70.
44 Forest(2009a), p.64.

결국 『RPFE』가 네안더의 논문 뒤에 이 두 논문을 배치한 이유는 자명해 보인다. 건강과 질병 개념에 대한 자연주의적 관점 내에서 성립하는 대립을 구성하는 두 입장, 기능에 대한 자연주의적 입장과 규범주의적 입장 둘 모두와 구분되는 제삼의 길이 현재 모색되고 있음을 보여주기 위해서이다. 몇몇 중요 문제를 둘러싼 학자들의 논쟁을 중심으로 연구가 진행되는 영미 철학 전통의 의철학에서 논의가 진행되는 모습을 생생하게 보여주는 한편, 그 생산성을 확인할 수 있게 만드는 배치라고 할 수 있다.

그러나 이러한 배치가 과연 해당 호의 발행 취지에 부합하는 적절한 배치였는지에 대해서는 의문이 남는다. 『RPFE』 해당 호의 서문 역할을 하는 「의철학. 자연주의적 접근」(Philosophie de la médecine. Approches naturalistes)이라는 글에서 포레스트는 해당 호의 '첫 번째 목적은 정보 전달'이라고 밝혔다. 즉 의철학이라면 '어김없이(immanquablement)' 깡귀엠을 떠올리는 프랑스권 독자들에게 '의학에 의해 야기된 개념적 문제들에 대한 다른 접근들이 지난 수십 년을 거쳐 특히 영미권 국가들에서 발전'되어 왔음을 알리는 것이 목표이다. 그런데 목표가 이렇다면 여기에 수록된 논문들은 지나치게 전문적이지 않은가? "논쟁을 살찌우고, 현존하는 선택지들을 알리기 위해 이러한 접근들은 소개할 가치가 있다."라고 포레스트는 말했지만, 질병과 건강 개념과 관련된 논쟁에서 한 축을 차지하는 규범주의적 관점은 해당 호 어디에도 소개되어 있지 않다.[45]

물론 깡귀엠을 질병과 건강 개념에 대한 규범주의적 관점의 대표자로 내세우고, 그와 다른 관점을 소개한 것이라는 설명이 가능하다. 그러나 매우

45 이 단락의 모든 인용은 Forest(2009b), p.3.

전문적 수준의 연구가 진행되지만, 또 동시에 매우 소수의 연구자들에 의해서만 진행되는 프랑스 내 영미 철학 전통의 의철학 연구 상황이 반영된 결과라는 해석 역시 가능하다. 실제로 포레스트와 지루의 연구 업적을 살펴보면, 과학철학이나 생물학의 철학 · 인식론과 구분되는 의미로서의 의철학과 관련된 연구들은 대부분 영어로 작성되어 영미권 저널들에 발표되었다는 사실을 확인할 수 있다.[46] 영미 철학 전통의 의철학 연구에 직접 참여하고 있는 당사자들로서 프랑스어권 독자들에게 그 연구 성과를 소개하는 것이 목표라고 할지라도, 기초적인 내용을 전달하기에 그들은 너무 전문적이고, 『RPFE』라는 학술지의 이름은 너무나 무겁다.[47]

4. 프랑스 의철학은 어디로 가는가?

21세기 들어 프랑스를 대표하는 두 철학 학술지인 『RMM』과 『RPFE』는 각각 한 번씩 의철학을 주제로 삼아 학술지를 발행했으며, 각각 프랑스 철학 전통의 의철학 연구들과 영미 철학 전통의 의철학 연구들을 다루고 있다. 프랑스 철학계 내에서 실제로 이루어지는 작업들의 극히 일부에 해당하는 연구들이지만 이 연구들에 대한 검토를 통해 프랑스 철학계 내부에서 여

46 포레스트의 논문 및 저서 목록 (https://www.pantheonsorbonne.fr/recherche/page-perso/page/?tx_oxcspagepersonnel_pi1[page]=publications&tx_oxcspagepersonnel_pi1[uid]=dforest). 지루의 논문 및 저서 목록 (https://facdephilo.univ-lyon3.fr/medias/fichier/cvgiroux2020internet_1576680970342-pdf).

47 영미철학 전통의 의철학에 대한 기초적인 소개는 논문이 아니라, Giroux et Lemoine(2012)나 Mouillie(2011) 같은 단행본 출판을 통해 이루어진다.

전히 지속되는 프랑스 철학 전통의 의철학 연구 상황과 꾸준히 진행되는 영미 철학 전통의 의철학 연구 상황을 확인할 수 있었다. 생명윤리라는 한정된 주제와 관련하여 깡귀엠을 다룬 『RMM』의 논문들을 검토함으로써 언제나 의철학 그 이상의 것으로 확장되려는 프랑스 철학 전통의 의철학이 지니는 그 확장적 특성을 확인할 수 있었고, 『RPFE』에 수록된 논문들을 검토함으로써 매우 제한된 수의 연구자들이 국제적 수준의 논의를 진행하는 프랑스 내 영미 철학 전통의 의철학의 연구 상황을 엿볼 수 있었다.

사실 프랑스 내에서 영미 철학 전통의 의철학 연구가 매우 제한된 수의 연구자들에 의해 진행되는 이유 중 하나로 현재 영미권에서 이루어지는 논의들이 많은 경우 프랑스 학계에서 적어도 한 번씩은 이미 다루어졌던 문제라는 점을 꼽을 수 있을 것이다. 물론 현대 과학기술의 발전으로 인해, 과거에 없던 새로운 자료들과 방법론들이 논의를 새롭게 만들었다. 그러나 그 논의들이 주장하는 바는 영미권의 의철학적 논의들이 시작되기 이전에 이미 다양한 방식으로 논의되었던 주제들이다.[48] 현재 이루어지는 논의들이 의미 없는 반복일 뿐이라는 말이 결코 아니다. 다만 이미 다루어졌던 문제이기에 크게 흥미를 끌지 못한다는 말을 하고 싶을 뿐이다.

그런데 이러한 이론 내부의 문제 외에 프랑스 철학계에서 영미 철학 전통의 실천적인 의철학적 논의들이, 특히 의료윤리와 관련된 논의들이 많이 다

48 깡귀엠은 『정상적인 것과 병리적인 것』의 2부에서 기존의 질병, 건강 개념을 비판적으로 고찰하고 있다.(Canguilhem(1999)/여인석 역(2018), 143-229쪽) 과연 현재 영미권에서 이루어지는 질병, 건강 개념에 대한 논의들 중 여기에서 다루어지지 않은 다른 입장이 존재하는가? 후버(Machteld Huber)가 정리한 건강과 관련된 가장 최근의 논의(Huber(2011))는 깡귀엠으로의 회귀를 의미하지 않는가?

루어지지 않는 이유로는 프랑스 보건생명과학윤리 국가자문위원회(Comité Consultatif National d'Éthique pour les sciences de la vie et de la santé)의 활동을 꼽을 수 있을 것이다. 의사와 과학자, 철학자를 포함한 인문학자들로 구성된 이 위원회는 국가 정책에 실질적인 영향을 끼치고 의료 활동 전반에 적극적으로 개입할 수 있는 체계를 갖추고 있다.[49]

그렇다면 이제 마지막 질문을 던져 보자. 왜 『RMM』은 다름 아닌 생명윤리를 주제로 깡귀엠을 논하기를 원했을까? 브라운슈타인이 지적한 것처럼 왜 명시적으로 생명윤리를 거부한 깡귀엠을 생명윤리 안에 위치시키려는 시도가 끊임없이 프랑스 철학계 내부에서 반복되는가? 현재 영미권 중심으로 진행되는 생명윤리 연구에 어떤 지분을 요구하기 위해서인가? 프랑스 철학자들은 의학에 대해 어떤 규범적 판단을 내리기를 원하는가? 보건생명과학윤리 국가자문위원회의 활동만으로는 부족하며, 철학자들 자신이 직접 이러한 활동을 해야만 한다고 판단하고 있는 것인가? 즉 프랑스의 철학자들은 프랑스 철학 전통의 의철학도 영미 철학 전통의 의철학처럼 되기를 희망하고 그렇게 되어야 한다고 생각하는 것인가?

이 질문에 대해 지금 당장 정확한 답을 내릴 수는 없다. 『RMM』과 『RPFE』은 언젠가 또다시 의철학이라는 제목 아래 당대의 연구들을 모아 학술지를 출판할 것이고, 그때, 지금 소리 없이 진행되는 이 움직임이 어디를 향하고 있었는지 확인할 수 있을 것이다. 다만 자그마한 소망을 담아 예상하자면, 지금과 크게 달라지지는 않을 것이다. 프랑스의 시계는, 특히 철학의 시계는, 다른 어떤 시계보다도 느리게 가지만 지치지 않고 가기 때문이다.

49 이와 관련해서는 조태구와 민유기(2020)를 참조할 수 있다.

현대 의철학의 현상학적 탐구 동향*

최우석_ 경희대학교 인문학연구원 HK+통합의료인문학 연구단
HK연구교수

* 이 글의 많은 부분은 필자의 「의철학의 현상학적 동향」(『의철학연구』 31, 2021)을 바탕으로 쓰였다.

1. 서론

이 글에서는 의학에 관한 철학적 논의에서 '현상학(Phenomenology)'으로 탐구되는 최근 10년간(2010-2020)의 연구 동향을 서론적으로 모색한다. 이 논문으로부터 얻고자 하는 목표는 의철학의 연구 동향에서 현상학적 논의가 어떻게 전개되고 있는지를 개관하는 데 있다. 다만, 지면의 한계상 현상학이 적용된 의철학을 구체적으로 모두 살펴볼 수는 없다. 그래서 이 글에서는 연구 동향 속에서 주목할 만한 대표적인 성과들을 발췌하여 이들의 특징을 다룬다. 본 논문이 살펴볼 핵심 의철학자를 미리 언급한다면, 다음의 세 학자—툼스(S. Kay. Toombs, 1943-), 스베너스(Fredrik Svenaeus, 1966-), 카렐(Havi H. Carel, 1971-)—이다. 이들은 최근 의철학의 현상학적 연구에서 중추적 역할을 하는 연구가들이다. 이 글에서 이들을 중심으로 의철학의 현상학적 이해가 어떤 방식으로 전개되는지를 개괄할 것이다.

의철학(philosophy of medicine)에서도 현상학과 유사한 면모를 살펴볼 수 있다. 의철학이 의학에 대한 철학적 성찰이라고 할 때, 의철학 역시 현대 의학의 위기에 대한 해결책을 모색하는 과정에서 태동하였다. 의철학은 현대 의학이 생의학(biomedicine)을 중심으로 지나치게 기계론적 환원주의에 의존하고 있다는 사실에 비판적으로 접근한다. 과학주의로부터 탈피하여 의학의 참된 본질을 철학적으로 성찰하는 데에 목적을 두는 의철학은 양적 차원에만 매몰된 탐구 방식으로부터 벗어난 의학 이해를 지향한다. 이러한 지향 속에서 의철학이 현상학을 소환하는 일은 필연적인 결과이다.

의철학은 의료 영역의 양적, 기계적 환원주의와는 다르게 질적, 해석학적, 총체적인 관점으로부터 참된 '인문의학(humane medicine)' 수립을 추구한다. 이와 같은 추구 속에 있는 의철학은 현상학과 결을 같이하는 학문이다. 현재 의철학의 현상학적 이해는 미국과 유럽을 중심으로 왕성하게 탐구되는 바이다. 이러한 탐구가 의철학에서 어떤 방식으로 논의되는지를 이 글에서 살피고자 한다.

2. 현상학이란 무엇인가?

의철학의 현상학적 이해를 살피기에 앞서 우리는 '현상학(Phenomenology)'이 무엇인지를 확인해야 한다. 잘 알려졌다시피 현상학은 후설(E. Husserl, 1859-1938)의 사상을 시작으로 하이데거(M. Heidegger, 1889-1976), 메를로-퐁티(M. Merleau-Ponty, 1908-1961), 사르트르(J. P. Sartre, 1905-1980)를 거쳐 레비나스(E. Levinas, 1906-1995), 데리다(J. Derrida, 1930-2004)에 이르는 저명한 사상가들의 사유와 함께한 철학 사상이다. 현상학을 창시한 후설은 근대주의라는 미명 아래 유럽은 '위기'에 처해 있다고, 혹은 '몰락'하고 있다고 보았는데, 그에 따르면 세계에 대한 자연과학의 양적 이해는 근본에서부터 인간과 세계를 온전하게 이해하지 못하는 처사이다. 후설은 더 나아가 근대적인 자연과학적 앎은 인간과 세계를 파악하는 데에 왜곡을 일으킨다고 주장했다. 후설의 현상학은 근대주의의 기계론적 관점에 대한 반발로부터 태동한 학문이다. 현상학은 삼인칭의 객관주의에만 주목하는 양적, 기계론적 태도에서 벗어나 일인칭의 질적, 체험적 탐구를 중시한다. 수량적, 정량적 분석과는 달리 현상학은 현상이 갖는 질적 측면의 의미를 주목한다.

현상학은 과학적 객관주의, 실증주의, 상대주의, 회의주의를 극복하는 철학 사상이다. 이러한 극복을 위해 후설은 탐구되는 대상을 더 철저하게 근원에서부터 이해해야 한다고 보았다. 탐구 대상을 근본에서부터 명확하게 파악하기 위해 현상학은 주관을 배제한 객관(객관주의, 실증주의)만을 주시하지 않는다. 그렇다고 객관을 배제한 주관(심리학주의)만을 살피지도 않는다. 현상학은 명증하고도 확실하게 탐구 대상을 이해하기 위해 여타 학문들과는 다르게 의식의 지향성에 따른 주관과 객관의 '상관성'에 주목한다. 이에 따라 잘 알려진 것처럼, 후설의 현상학은 '지향성(intentionality)'을 핵심 개념으로 두고 있다. 후설이 볼 때 지향성에 따른 대상 이해야말로 탐구 대상을 근원에서부터 철저하게 확인하는 근본적인 태도이다. 현상학은 "대상은 주관을 배제한 채 결코 이해될 수 없다."라는 공리로부터 출발한다. 심리학주의와는 다르게 주관의식과 대상의 상관성이 주체의 의식에 주어지기에 현상학은 의식에 주어진 사태를 확인하는 지향적 작용에 주목한다. 지향성을 기초로 의식에 주어지는 사태가 명증하게 파악될 수 있다고 본 후설은 자신의 믿음을 죽을 때까지 포기하지 않았다. 한마디로 의식에 상관하는 대상의 본질을 통찰할 수 있다고 보았던 후설에게 현상학은 타당하고 명증한 대상 이해를 수립하는 학문이자 상대주의와 회의주의를 극복하는 학문이다.

대상과의 상관성에 따라 의식에 주어진 탐구의 사태를 주목하는 현상학은 의식으로부터 구성되는 내용을 중요하게 여긴다. 이러한 태도를 기초로 삼는 현상학은 '정적 현상학(static phenomenology)'과 '발생적 현상학(genetic phenomenology)'이라는 두 얼굴을 가지고 있다. 지향성 연구 방식에 따라 현상학은 대상에 대한 의식을 기술하여 분석하는 '기술적 심리학(descriptive phenomenology)'을 넘어 '더 많이 사념함'이라는 초월론적 태도를 통해 대상을 구성하는 '구성적 현상학(constitutive phenomenology)'으로 나아간다. 정적 현상학과 발생적 현상학은 구성적 현상학의 두 가지 모습이다.

대상의 상관자로 있는 의식은 초월적으로 자기 동일적인 대상을 구성함으로써 대상의 본질을 파악하는데, 이때 정적 현상학은 초시간적이며 논리적으로 보편타당한 '타당성 정초의 보편성'의 구성에 관한 것이다. 분석 대상의 다양한 층위들 간의 타당성 정초 관계에 관한 기술이라는 점에서 정적 현상학은 의식의 객관화 작용을 통해 보편성 정초와 형식적 동일성을 지향한다. 이에 따라 정적 분석은 대상성 일반이라는 본질이 구체적인 개별성을 넘어 초월론적 차원에서 구성될 수 있다는 사실에 입각한다. 후설은 의식의 사실로서 직관되는 대상의 본질 파악을 주목하는 현상학이야말로 형상적 학문으로서의 지위를 지닌다고 보았다. 예를 들면, 수학과 논리학의 근본 구조는 정적 현상학적 분석으로 해명될 수 있는데, '2+3=5'와 같은 진리는 주관의 심적 작용의 결과만으로 혹은 주관과 상관없이 객관적으로 존재하는 결과만으로 볼 수 없는 의식의 상관성 속에서 초시간적 보편성을 지니는 것이다.

정적 현상학과는 달리 발생적 현상학은 '발생적 정초의 타당성'에 관한 것이다. 이에 따라 발생적 분석은 의식의 구성에서 시간 흐름의 근원적 생성을, 즉 발생적으로 기능하는 '동기(motivation)'들을 살핀다. 의식의 어떤 체험은 다른 체험을 들어서게 하는 동기를 부여한다. 예를 들어, 날씨가 더워 시원한 아이스커피를 즐기고자 했다면, 커피를 즐기는 체험의 동기는 더위를 피하려는 데에 있다. 동기 관계를 살핌으로써 발생의 타당성 정초를 지향하는 발생적 현상학은 시간적 발생의 원본적인 토대를 향하고 있다. 다시 말해, 발생적 현상학은 초월론적 주관의식의 더 많이 사념함을 통해 체험의 동기 관계에 따라 침전된 층의 구조들의 근원으로 되물어 가는 것이다. 이에 따라 발생적 분석은 의식으로부터 생성된 동기가 무엇인지를, 침전된 역사성을 지니는 체험들의 동기가 시간적 연관 속에서 어떤 방식으로 수립되었는지를, 더 나아가 자신을 둘러싼 친숙한 문화 · 환경 등은 의식의 구성에 어떤 위상을 지니는지를 모색한다. 타당성의 발생적 기원을 추적하며 대상을 명증하게 확보하려는 발생적 분석은 시간 속에서 침전된 결과물 가령, 자기 자신뿐만 아니라 타인을, 역사를, 문화나, 환경, 친숙함, 습관성, 무의식, 본능 등을 탐구의 대상으로 고려한다.

언급한 정적 현상학과 발생적 현상학은 후설의 초월론적 현상학의 통일된 체계를 구성하는 두 가지 특징이다. 달리 말해, 후설의 현상학은 두 가지 모두 망라하는 철학이다. 현상학은 대상에 관한 이해를 이 둘의 유기적인 상호 보완의 분석을 도모하며 체계를 갖춘다. 여기서 주의해야 할 점은 정적 현상학이든 발생적 현상학이든 어느 하나만이 현상학 본연의 모습을 대표하지 않는다는 사실이다. 현상학은 정적 분석을 통해 통일성을 갖춘 '존재'의 영역에 대한 초시간적인 형식적 보편타당성을 추구하는 동시에, 발생적 분석으로 '생성'에 대한 질료의 발생적 다면성을 해명한다. 정적 현상학이 명료한 지향적 체험을 기준으로 타당한 인식의 관점에서 더 근원적인 타당성을 정초한다면, 발생적 현상학은 대상 소여의 방식에서 시간적으로 먼저 주어지는 지향적 체험을 기준으로 더 근원적인 발생의 타당성을 정초한다. 동일한 사태에 대해서도 현상학적 태도 변경에 따라 탐구 대상의 해명이 달라질 수 있는 만큼, 후설의 초월론적 현상학은 정적·발생적 현상학 중 어느 하나가 나머지를 포섭하는 것도, 서로가 상부와 하부의 위계질서로 있는 것도 아니다. 초월론적인 구성적 현상학은 탐구 대상에 관한 이해를 이 둘의 상호적 연관성에서, 즉 정적 분석과 발생적 분석을 종합하는 데에서 대상의 이념의 보편성을 정립한다.

3. 의철학의 현상학적 탐구

1) 툼스, 스베너스, 카렐

앞서 살펴본 현상학의 탐구 방법은 의학을 이해하는 데에도 적용된다. 의철학의 탐구에서 현상학적 연구는 왕성하게 진행되고 있는 바이다. 의철학의 현상학적 연구의 동향을 모색하기 위해 본 논문은 대표적 성격을 띠는 전문 잡지에서 발표된 최근 10년간(2010-2020)의 연구 결과에 주목하였다. 이를 위해 의철학에서 가장 많이 참조되는 국제 학술지(SSCI) 4개를 선정하였으며, 선정된 학술지에 게재된 논문 중 현상학을 다루는 연구물만을 간추렸다. 선정된 잡지는 다음과 같은데, 1980년부터 유럽에서 발간하는 『Theoretical Medicine and Bioethics』와 1987년에 창간된 『Medicine, Health Care and Philosophy』이며, 영국에서 발간하는 『Philosophy, Ethics, and Humanities in Medicine』과 1976년 미국에서 창간한 『The

Journal of Medicine and Philosophy』이다. 이들 잡지는 학술지 영향력 지수(Impact Factor)와 톰슨-로이터의 JCR(Journal Citation Report)에 따른 저널 순위에서도 매년 높은 평가를 받고 있다.[1] 각 학술지의 홈페이지에서 현상학(Phenomenology)과 관련된 최근 10년간의 연구 성과와 인용도를 검색할 시[2] 눈에 띄는 세 명의 핵심 연구자를 발견할 수 있다. 나이순으로 이들을 열거하면 툼스, 스베너스, 카렐이다. 의철학의 현상학적 담론의 최근 동향은 이들을 중심으로 전개되고 있는 것을 확인할 수 있다. 그런 점에서 언급한 세 학자의 연구 성과를 살펴보는 일은 중요하다.

먼지 툼스의 연구 업적을 간략하게 살펴본다면, 그는 현재 미국 베일러대학(Baylor University)의 철학과 명예교수로서 스베너스와 카렐보다 앞선 세대에 속한 의철학 연구가이다. 그의 주된 활동 시기가 1980~1990년대인 만큼, 본 논문에서 선정한 저널들에 발표한 그의 최근 10년 성과는 총 1편[3]밖에 없다. 하지만 최근 10년간 현상학적 의철학의 연구 동향에서 그가 주목되는 이유는 그의 연구 성과가 최근의 연구가들에게 여전히 빈도 높게 인용

1 InCites Journal Citation Reports 홈페이지. http://admin-apps.webofknowledge.com/ [2021년 5월 20일 검색]; 2020년 기준, *Theoretical Medicine and Bioethics*; IF 0.80, Rank 12954, *Medicine, Health Care and Philosophy; IF 1.65, Rank 9798, Philosophy, Ethics, and Humanities in Medicine*; IF 2.10, Rank 11768, *The Journal of Medicine and Philosophy*; IF 0.86, Rank 13969이다. 영향력 지수와 랭킹에 대한 자세한 평가는 위 홈페이지 참조. 이와 관련된 빠른 검색은 다음의 홈페이지를 참조할 것; https://www.resurchify.com/impact/details/

2 각주 1번에서 언급된 저널 순으로 다음의 홈페이지에서 '현상학'(phenomenology)을 검색한 결과이다. https://www.springer.com/journal/11017, https://www.springer.com/journal/11019, https://peh-med.biomedcentral.com/, https://academic.oup.com/jmp [2021년 4월 29일 검색].

3 Toombs(1999).

되기 때문이다.[4] 특히 그의 단독 연구 저서는 현상학적 의철학과 관련된 논의에서 읽어야 할 중요한 연구물로 간주된다.[5]

다음으로 스베너스는 현재 스웨덴의 쇠데르턴대학(Södertörn University)의 실천학 연구센터 교수로서 의철학, 생명윤리, 의료인문학 등을 연구하고 있다. 현상학적 의철학에 대한 그의 공적은 논문만으로도 수십 편에 달하는데,[6] 그중에서 본 논문이 선정한 저널에 최근 10년 내 발표한 논문은 총 21편이다.[7] 그리고 현상학적 의철학을 주제로 영어로 출판한 그의 단독 저서도 2권이 있다.[8] 왕성한 그의 활동 이력이 보여주듯, 오늘날 현상학적 의철학을 고찰하는 데 스베너스는 반드시 주목해야 할 연구가이다.

끝으로 카렐은 현재 영국 브리스톨대학(University of Bristol)의 철학과 교수로서 의철학을 연구하고 있다. 그 역시 스베너스처럼 현상학적 의철학에 관해서 수십 편의 연구 논문을 발표했는데,[9] 그중 이 글에서 선정한 저널들에 최근 10년 내 게재한 논문은 총 5편이다.[10] 그리고 현상학적 의철학과 관련된 그의 단독 저서는 총 3권이 있다.[11] 그의 단독 저서 중 질병의 현상학적

4 현상학적 의철학과 관련된 툼스의 대표 논문은 다음과 같다: Toombs(1995), Toombs(1990), Toombs(1988), Toombs(1987). 논문의 인용 빈도는 각주 2번에서 열거한 홈페이지에서 확인할 수 있다.
5 툼스의 대표 저서는 다음과 같다: Toombs(1992), Toombs ed.(2001).
6 그의 연구 이력에 대한 자세한 사항은 다음을 참조할 것. https://scholar.google.com/citations?user=vMG-YMkAAAAJ&hl=ko&oi=sra
7 최근까지 발표한 대표적인 그의 연구논문을 몇 가지만 기술하면 다음과 같다. Svenaeus(2020), Svenaeus(2019), Svenaeus(2018b).
8 스베너스의 대표 저서는 다음과 같다. Svenaeus(2000). Svenaeus(2018a).
9 그의 연구 이력에 대한 자세한 사항은 다음을 참조할 것. https://scholar.google.com/citations?user=qAb5vF8AAAAJ&hl=ko&oi=sra
10 Carel(2017), Carel(2014), Carel(2013), Carel(2012), Carel(2011).
11 Carel(2018), Carel(2016), Carel(2006).

이해를 체계적으로 담은 『Illness: The Cry of the Flesh』는 의철학의 현상학적 탐구를 시도하는 연구가들에게 빈번하게 인용되는 책이다.

이 글에서는 다루지 않았지만, 앞서 언급한 세 명의 연구가 외에도 의철학의 현상학적 이해를 추구하는 학자로서 아호(Kevin Aho)와 레더(Drew Leder)를 주목할 수 있다. 아호와 레더는 앞서 언급한 세 명의 학자들만큼 선정한 저널에서 양적 성과를 드러내지는 않았다. 하지만 이들은 의철학의 현상학적 이해의 지평을 넓힌 연구자로 간주된다. 현재 미국 플로리다 걸프 코스트 대학(Florida Gulf Coast University)의 인문학부에 재직 중인 아호의 저서[12]와 현재 미국 메릴랜드주 로욜라대학(Loyola University Maryland)의 철학과 교수인 레더의 저서[13]는 의철학의 현상학적 이해를 도모하는 데에 중요한 서적이라고 볼 수 있다. 다만, 아호와 레더는 현상학 외에 정신분석학, 동양철학 등 다양한 주제로 의철학을 논한다는 점에서 본 논문에서는 논의의 폭을 다소 좁히기 위해 이들을 관심 있게 다루지 않았다.

2) 의철학의 현상학적 연구 동향의 특징

(1) 질적 체험

앞서 주목한 세 연구가는 공통적으로 의철학의 현상학적 탐구로서 질적 탐구를 중시한다. 질적 탐구란 의식에 주어지는 대상의 의미를 드러내는 것이다. 대상으로서 객관은 언제나 주관과 관계를 맺을 수밖에 없는데, 가령,

12 Aho(2018), Aho(2008).

13 Leder(2009), Leder(2016).

객관적 과학 법칙도 법칙을 승인하고 활용하는 주체를 떼고서는 이야기될 수 없다. 왜냐하면 자연과학도 관찰과 실험을 하는 주체의 체험을 요구하기 때문이다. 현상학은 현상으로서 대상에 대한 근원적 이해가 결코 주관과 분리될 수 없다는 점에 주목하며 주관의 질적 체험을 중시한다. 체험의 질을 주관적 체험의 내용에 불과하다고 보는 과학적 객관주의와는 달리, 현상학은 주관을 배제하는 실증주의가 관찰 대상 일체를 기계와 같은 것으로 파악한다고 본다. 이러한 객관주의적 태도는 인간 경시, 인간소외와 같은 풍조를 낳은 주범이라고 할 수 있다.

물론, 현상학도 하나의 학문으로서 객관성을 추구한다. 다만 현상학의 객관적 진리 탐구는 대상의 의식에 주어지는 생생한 '의미'를 드러내는 것이다. 현상학적 객관성은 주관과 객관의 상관관계 속에서 주체가 대상을 경험하는 방식으로 모색된다. 의식에 주어지는 생생한 의미를 드러내는 이와 같은 모색이 질적 연구이다. 이때 질적으로서 '질(quality)'은 단순히 '양(quantity)'의 대립도, 주관적 감각 자료로서 질도 아니다. 현상학에서 말하는 질은 체험의 사태를 근본적으로 구성하는 의미를 뜻한다. 질적 연구로서 현상학적 체험 연구는 사태를 구성하는 의미로서 질을 파악하는 학문이다. 질적 탐구는 그와 같은 질의 본질 파악이 가능하다는 데에서 구현된다.

현상학적 질적 체험 연구는 체험의 사실적 측면을 기술하는 '현상학적 심리학적 체험 연구'와 체험의 본질을 해명하고 근원적 의미를 드러내는 '초월론적 현상학적 체험 연구'로 분류된다.[14] 전자의 경우는—대상의 다양한 유형, 각각의 영역에 대한 다양한 체험, 이와 같은 체험의 시간과 공간 · 역

14 이남인(2018), 115쪽.

사 · 전통 · 규범 · 문화 · 타인과의 관계 · 자기와의 관계 · 인과적 관계가 아닌 동기(motivation) 관계 · 변화와 전개 과정, 대상을 체험한 주체에 대한 의미와 가치 평가, 사회성, 역사성 등—대상과 주체의 연관성을 다양한 관계 속에서 살펴보는 것이다. 후자의 경우는 다양한 관계로부터 드러나는 체험의 본질적 요소를 밝히는 것이다. 초월론적 현상학적 체험 연구는 체험의 구조를 초월론적으로 해명하면서 초월론적 체험이 어떻게 다양한 방식으로서 세계 및 대상들을 구성하는지를 해명한다.[15]

본 논문에서 의철학의 현상학적 연구가로 주목했던 세 연구가 툼스, 스베너스, 카렐은 상술한 현상학적 질적 체험 연구의 두 가지 방법을 긍정적으로 수용하는 공통점이 있다. 특히 이들은 일관되게 체험의 구조를 초월론적으로 해명한 현상학적 개념들을 통해 의철학을 탐색한다. 현상학의 초월론적 개념에는 예를 들면, '지향성(intentionality)', '세계-내-존재(being-in-the-world)', '고향세계(homeworld)', '몸(body)'과 같은 것이 있다. 초월론적 원리를 띠는 이러한 개념들은 현상학적으로 대상을 이해할 때 근본적으로 요구되는 것들이다. 이와 같은 개념 중 단연 가장 중요하다고 볼 수 있는 개념은 지향성이라고 해도 과언이 아니다. 왜냐하면 대상의 질적 체험의 근본 바탕에는 언제나 지향성에 따른 사태 이해가 있기 때문이다.

후설에게 '지향성(intentionality)'은 '의식의 보편적인 근본적 특성'[16]으로서 의식 주관이 대상과 맺고 있는 의식적 지향 관계를 뜻한다.[17] 현상학에서는 지향성을 띠는 대상의식을 '지향적 체험' 혹은 '작용(act)'이라고도 부르는데,

15 이남인(2018), 134쪽.
16 Husserl(1950), p.72.
17 지향성과 관련된 구체적인 논의는 이남인(2013), 95-126쪽 참조.

현상의 근원적 이해는 원초적으로 이와 같은 작용을 통해서 구현된다. 한마디로, 툼스 · 스베너스 · 카렐은 자신들의 의철학을 전개할 때 지향성이라는 작용을 기초적인 배경으로 삼고 있다. 이들은 지향성에 따른 의식 주관의 질적 체험으로부터 밝혀지는 의미에 주목한다. 가령, 툼스는 의철학에서 이야기하는 건강과 질병의 체험은 '지향성에 따른 현상학적 성찰'[18]에서 탐색되어야 한다고 본다. 카렐은 지향성에 입각한 질병의 질적 체험에 관한 현상학적 이해가 생산적 의미를 낳는다고 역설했다.[19] 스베너스 역시 의철학을 현상학적으로 연구하는 사람이라면 분석은 반드시 '지향성이라는 일인칭 지각'[20]으로부터 개시되어야 한다고 말했다. 툼스, 스베너스, 카렐의 세 연구가는 의철학의 핵심 주제들이 근본적으로 현상학의 지향적 이해에 입각한 질적 체험에 주목함으로써 탐구될 수 있다고 주장한다.

(2) 신체(몸)

의철학이 '건강(health)'과 '질병(disease)'을 주요한 주제로 삼는 학문이라면, 의학의 현상학적 고찰은 필연적으로 건강과 질병을 다뤄야 한다. 달리 말해, 건강과 질병의 이해는 이를 체험하는 주체의 신체(몸)에 대한 이해를 배제할 수 없다. 상기한 세 학자로부터 발견되는 의철학의 현상학적 탐구 동향의 또 다른 공통점은 '신체(몸)'에 관한 이해에서 발견된다. 이들의 신체에 대한 공통된 이해는 몸을 단순히 물리적인 대상으로서 간주하지 않는다는 데에 있다.

18 Toombs(2001), p.2.
19 Carel(2016), pp.14-24.
20 Svenaeus(2018), p.3.

근대적 공간의 특성이 주체와 관계없는 기하학적 공간, 순수 공간으로 이해된다면, 현상학에서 이해되는 공간은 체험으로 구성되는 '사건(Ereignis)'으로서 공간이다. 근대적 공간이 추상적 · 개념적으로 드러난다면, 현상학의 공간은 실존적으로 체험되는 것이다. 가령, 교수의 연구실 공간은 몇 제곱미터로 측량될 수 있는 공간이지만, 학생 · 교수 · 행정 직원에게 각기 다르게 체험되는 공간이다. 현상학에서 공간은 단순한 물리적 자리가 아닌 존재의 자리, 의미 연관으로서의 세계로 이해된다. 한마디로 현상학에서 주목하는 공간은 실존적으로 구성된 공간, 역사적이고 사회적인 공간[21]으로서 구체적 삶과 떨어져서 생각될 수 없는 것이다.

공간을 차지하는 신체 역시 단순히 공간을 점유하는 물리적인 대상이 아니다. 신체는 살(flesh)을 가진 체험하는 몸(body)으로서 물질적인 신체(the corporal)와 구별된다. 몸은 단순히 뇌, 뼈, 신경 말단처럼 각각 분리된 조건으로 이해되지 않는다. 가령, 축구를 할 때 축구 선수는 움직이는 팔과 다리의 신경생리학적 구조를 의식하며 공을 차지 않는다. 그와 같은 의식 없이 선수는 역동적으로 활동한다. 유기체로서 살아 있는 몸(lived body)은 "공간에 병존된 기관들의 모임이 전혀 아니다."[22] 몸은 기계처럼 분해되고 결합될 수 없는 체험된 통일성이다. 두통을 느낀다고 해서 우리는 전두엽의 특정 세포 혹은 피질만을 떼어 놓은 채 두통의 고통을 이야기하지 않는다. 두통이라는 질병 체험은 두통으로 인한 집중력 저하, 스트레스, 업무 차질, 시간 허비 등과 같은 주체가 처해 있는 전체 상황과 연관될 수밖에 없다.

21 박은정(2010), 375-378쪽.
22 Merleau-Ponty/류의근 역(2019), 165쪽.

현상학적 이해는 몸의 실존적 양상에 주목하는 것이다. 몸은 '지금'이나 '여기'와 같은 공간적 표상만으로 이해되는 게 아니라 '습관성'에 따른 '상황의 공간성'[23]으로 살펴야 할 것이다. 체험의 통일성을 경험하는 몸은 결코 개념의 규정만으로 파악되지 않는다. 몸은 선물리적, 선경험적 근본 경험이라는 사건 속에서 건강과 질병을 체험한다. 가령, 몸에 관한 현상학적 이해에 집중했던 메를로-퐁티는 추상적 공간(주관과 관계없는 표상적 공간)은 몸에 선행하는 게 아니라 후행하는 것이라고 주장했다. 그에 따르면 공간은 몸이 있어야 출현되기에 몸은 공간을 출현시키는 근간이다. 몸이 하나의 공간적 형태일 수 있는 것은 지향성에 따라 몸이 자신을 공간으로 지향했기 때문이다.[24] 몸의 공간성에 대해서 메를로-퐁티는 과학적 공간의 기초는 오히려 체험된, 세계를 향해 관계를 맺는 실존적 주체의 몸의 이해로부터 발현한다고 분석했다. 즉 몸은 공간에 선행한다.

공간에 선행하는 몸은 자신의 세계를 지니고 있으며 습관과 규범으로 세계와의 관계에서 자신을 확장시킨다.[25] 몸은 단순히 외적인 공간성을 점유하는 것이 아니라 세계와의 관계 속에서 내적으로도 존재한다.[26] 툼스는 이러한 관점에 입각하여 몸을 규정했는데, 그에 따르면 몸은 수많은 대상 중 하나의 대상이 아니라 언제나 '함께' 있는 것이며, 나의 소유물이 아니라 세계와

23 Merleau-Ponty/류의근 역(2019), 168쪽.

24 Merleau-Ponty/류의근 역(2019), 171쪽.

25 가령, 유아, 어린아이는 성장하면서 규범과 습관성을 확장시킴으로써 몸의 의미를 증대시킨다. 또 다른 예로 여행할 때 관람하는 장소나 대상의 역사적 상황, 배경, 맥락에 대한 지식이 있는 사람은 그것이 전혀 없는 사람과 몸의 체험이 다르다. 전자의 몸은 세계와의 관계가 확장된 상태이며, 후자의 몸은 전자의 몸보다 덜 확장된 상태이다.

26 Merleau-Ponty/류의근 역(2019), 169쪽.

의 '관계 속에 있는 것'이다.[27] 몸은 컴퓨터가 책상 위에 놓여 있는 것처럼 공간을 차지하는 단순 대상이 아니라, 공간에 앞서 상황과 맥락으로 '세계와의 관계 맺음'으로 있다. 의철학의 현상학적 이해에서 이와 같은 몸의 이해는 툼스에게서뿐만 아니라 스베니우스와 카렐에게서도 동일하게 나타난다.[28]

몸이 관계 맺음 속에 있다는 말은 몸은 자신을 둘러싼 세계 속에서 자신이 처한 위치, 활동에 상응하며 관계를 맺는 방식으로 존재한다는 뜻이다.[29] 다시 말해, 몸 의식은 단순히 '생각한다'로서 사고가 아니라, 세계와의 관계 속에서 '할 수 있다(I can)'[30]로 드러난다. 몸이 '세계에 대한 능력'[31]인 것은 세계와 관계 맺는 몸의 지향성 때문이다. 몸의 지향성이란 의식의 지향성이 아니라 '육화된' 의식의 지향성이다. 육화된 의식은 데카르트(R. Descartes)처럼 '생각하는 나'가 아니라, '할 수 있는 나'로서 나타나는 선반성적 의식이다. 육화된 의식은 의식과 몸, 의식과 세계가 분리되기 이전의 원초적 자아를 뜻한다. 원초적인 자아는 이미 '세계에 있는(being-in-the-world)', '세계 속에 위치 지워지고 참여된 자아'[32]로서 선반성적으로 세계에 참여한다. 몸은 선반성적으로 이미 '친숙한 세계(home-world)'에 참여하고 있으며, 그 속에서 육화된 의식은 지향된 대상에 대해 충분한 규정을 소유하지 않은 채 자신을 확장한다. 가령, 우리는 이미 주체적 의식을 갖기 이전부터 물려받은

27 Toombs(1992), p.51.

28 세 학자의 몸과 관련된 이해는 다음을 참조: Toombs(1992), pp.51-88; Svenaeus(2000), pp.106-113; Carel(2016), pp.65-85.

29 Toombs(1992), p.52.

30 Husserl(1952), p.253.

31 Merleau-Ponty/류의근 역(2019), 177쪽.

32 Merleau-Ponty/류의근 역(2019), 539쪽.

규칙과 습관, 전통을 익숙한 세계로서 체험하며 그러한 세계 속에서 성장해 간다. 몸은 자기 자신에게 알려 주지 않는 체험된 내적 논리와 지평을 지니고 있으며 그 속에서 낯선 세계와 관계를 이어 간다.

이러한 사정에 따라 현상학의 몸 이해는 신체 주관을 제외한 삼인칭으로 기술된 결과보다 일인칭의 관점에서 체험된 내용을 중시한다. 이는 질병을 몸의 실석 체험으로부터 살펴야 한다는 발과 다르지 않다. 그러한 섬에서 환자에 대한 의사의 도움은 통계적 표준에 입각한 양적, 과학적 실증주의만으로 이루어질 게 아니라 '해석적 만남(interpretive meeting)'[33] 속에서 고려되어야 한다. 근대 과학적 의학이 대체로 주관의 생생한 체험을 무시한 채 객관적, 양적 자료와 관련해서 기계적으로 질병을 이해하였다면, 툼스 · 스베너스 · 카렐은 이러한 이해가 환자와의 소통을 어렵게 하는 원인이라고 지적했다. 이들은 기존의 물리적, 환원주의적 방식으로 이해되던 몸 이해로부터 탈피하여 의학이 놓치고 있는 것을 현상학적 관점에서 보완하고자 한다.

(3) 질병

질병[34]을 이해하기 위해서는 병을 앓는 사람을 살펴보지 않을 수 없다.[35] 병을 앓는 사람의 질병은 주관과 관계없는 단순한 신체-물리적 증상만으로

33 황임경(2018), 79쪽.

34 본 논문에서는 '질병(disease)'과 '질환(illness)'을 세밀하게 구분하지 않았다. 엄밀한 구분이 중요함에도 불구하고 현상학적 의철학의 동향에서 이러한 구분이 연구가들마다 어떤 방식으로 수행되는지는 또 다른 차원의 연구라고 판단하였다. 본 논문에서 '질병'은 생물학적 차원뿐만 아니라 개인-사회적 체험으로서 '정상 건강 상태에서 벗어난 상태'라는 광의적 차원에서 이해되고 있음을 밝힌다.

35 Cassell/강신익 역(2002), 191쪽.

이해될 수 없다. 왜냐하면 카셀이 '유방암'을 비롯한 각종 질병의 사례를 들어 설명했듯,[36] 질병은 개인의 온전성과 타인과의 상호적 관계에서, 더 나아가 사회적으로나 문화적으로 이해될 것을 요구하기 때문이다. 질병은 다양하게 체험될 수 있으며, 그에 따른 고통도 다양하게 이해될 수 있다.[37] 질적 체험 연구는 생명 존재, 정신적 존재의 이해를 주관과 관계없이 인과적으로만 규명하려는 시도를 거부한다. 그 이유는 질적 변경 즉, 체험의 질이 저마다의 신체로부터 다르게 나타나기 때문이다. 누군가에게 질병은 꿈의 상실, 사생활의 상실로서 큰 고통으로 체험되지만, 누군가에게 질병은 '성스러운 체험이나 깨달음으로 더 나아가 삶을 회복시키는 원동력'[38]으로도 체험된다. 우리가 흔하게 느끼듯 운동 시합 중 혹은 싸움 중에 얻은 상처의 고통은 운동 시합 후 혹은 싸움이 끝난 후 느끼는 고통과는 다르게 체험된다.

체험으로 이해되는 질병은 객관적으로 수치화할 수 있는 대상으로만 간주되지는 않는다. 가령, 툼스는 현상학적 관점에서 환자가 겪는 질병의 체험을 다음과 같이 '네 가지 단계'[39]로 나누었다. (1) 선반성적 감각 경험, (2) 고통받는 질병, (3) 질병, (4) 질병의 상태.[40] (1)에서 (3)까지는 환자의 체험으

36 Cassell/강신익 역(2002), 193-215쪽 참조.
37 Cassell/강신익 역(2002), 98쪽.
38 Carel(2016), p.66.
39 Toombs(1990), pp.230-237.
40 툼스에 따른 질병 체험의 단계를 간단히 정리하면 다음과 같다.

질병의 체험		
1단계	선반성적 감각 경험	반성적 인식이 없는 아픈 상태
2단계	고통 받는 질병	반성적 인식을 통한 체험과 분리되어 고통이 공간적으로 인지된 상태
3단계	질병	환자가 타자와 공유할 수 있는 판단이나 개념을 말할 수 있는 상태
4단계	질병의 상태	의사들이 공유하는 질병의 의학적 개념이 수립된 상태

로 구성되는 질병 이해이지만, (4)는 질병을 개념화함으로써 이해하는 단계이다. (1)의 단계는 반성적 인식 없이 신체의 낯선 경험, 아픈 경험, 감각적으로 좋지 않음을 느끼는 상태이다. (2)의 단계는 질병의 고통을 반성적으로 느끼고 이를 아픔으로 구성한 상태로서 아픔을 느끼면서 체험과 분리된 공간성을 인지하는 단계이다. 질병은 총체적 체험이지만 이 단계에서는 눈, 배, 머리 등으로 신체적(몸의) 지향성이 발현된다. 즉, 질병의 생생한 아픔이 공간적으로 체험되는 단계이다. (3)의 단계에서 질병은 타자와 공유되는 단계로서 이 단계에서 환자는 생생하게 경험된 아픔을 공유하고자 노력한다. 가령, 요도염을 경험하는 사람은 자신의 아픔을 임질과 같은 것으로 규명하고, 가슴에 덩어리가 있어 아픔을 경험하는 사람은 이를 유방암으로 진단할 수 있을지를 생각한다. 이 단계에서는 다른 사람들이 획득한 판단과 개념들을 공유하고 재현하면서 질병으로 인한 아픔을 반성적으로 규명하고 의미를 부여한다. (4)의 단계에서 질병은 의사들이 공유하는 개념으로 재현된 것이다. 의사들이 분석하고 공유한 의학적 개념은 환자의 질병을 이해할 수 있는 절대적 방법이 아니지만, 이 단계의 질병은 체험하는 환자와 분리된 채 공유되는 개념으로 이해된다. 환자의 질병 체험은 총체적인 것이지만, 위 단계 중 특히 (4)의 단계에서 질병은 환자와 관계없는 객관적 대상으로서 예를 들면, 시냅스의 고장, 뇌세포의 파괴, 백혈구의 감소와 같은 사실로 기술된다.

신체(몸)의 체험으로 바라본 질병 이해는 양적, 기계적, 객관주의적 질병 이해를 보충한다. 질병의 체험은 상술한 것처럼 여러 단계 속에서 이해될 수 있지만, 의학에서는 통상적으로 (3), (4) 혹은 (4)의 단계만을 중시한다. 이러한 태도는 질병을 이해하는 다양한 차원을 축소할 뿐만 아니라 의사와 환자가 서로 만날 여러 가능성을 배제한다. 의료 현장에서는 신체(몸)의 체험을 일일이 확인하기보다는 손쉽게 양화되는 객관주의적 질병 이해를 선호하기 십상인데, 이와 같은 선호에도 불구하고 일인칭의 관점에서 질병을 다루는 작업은 결코 간과될 수 없다.

질병은 아픈 사람이 편안하지 못한(dis-ease) 상태이다. 질병은 아픔(suffering)을 수반함으로써 '좋음'의 상태를 훼방한다. 의학적 지식은 생리학, 신경학과 같은 범위보다 넓은 차원에서 이야기되어야 할 필요가 있다. 왜냐하면 아픔은 단순히 육체적 증상에만 국한되지 않기 때문이다. '좋은' 상태는 단순히 임상적 탁월성만으로 이야기될 수 없다. 가령, 의료인류학에서 빈번하게 사용하는 개념인 '사회적 고통'은 질병으로 인한 고통의 많은 부분이 "사회문제를 해결하기 위한 제도나 정책에 의해 보태지고 만들어진다."[41]라는 사실을 알려 주기 때문이다. 사람과 관계를 맺는 한에서 질병을 대할 때 언제나 사회적, 문화적, 윤리적 관점들도 고려해야 한다. 이러한 관점에 입각하여 툼스, 스베너스, 카렐은 공통적으로 일인칭의 관점을 포함한 총체적인 질적 체험으로서 질병에 주목한다.

스베너스는 질병을 편안하지 않은 '세계-내-존재 속에서 낯선 신체(몸)의 체험',[42] 안식처가 없는 불편함이라고 규정했다. 이러한 규정은 질병을 체험하는 신체가 물리적으로만 이해될 게 아니라 총체적 차원에서 살펴야 할 대상이라는 점을 시사한다. 신체가 원초적으로 세계와의 '관계 맺음'으로 있다는 말은 질병을 체험하는 신체의 낯섦이 자신과의 관계뿐만 아니라 타자

41 백영경(2020), 236-237쪽.
42 Svenaeus(2019), p.463.

와의 관계, 사회와의 관계에서 이해되어야 한다는 말과 다르지 않다. 질병으로 인한 고통은 자신과의 관계에서 낯선 체험, 더 나아가 인격성의 파괴로 고찰되는데, 이는 주변 사람들과의 관계 더 나아가 사회적 관계와 결코 분리된 상태로 이해되지 않는다는 뜻이다.

현상학적 설명이 객관적-과학적 관점(삼인칭의 관점)만을 질병 이해의 핵심으로 보는 사태를 비판한다는 것은 삼인칭의 질병 이해를 과소평가한다는 뜻이 아니다. 오히려 현상학적 이해는 질병의 삼인칭적인 이해를 중요한 탐구 방법으로 간주한다. 문제는 질병에 대한 일인칭적인 관점의 체계적 이해와 연구의 중요성을 근대과학이 과소평가한다는 데에 있다. 가령, 자연주의자들은 일인칭 체험에 따른 경험적 사례는 '비과학을 양산할 뿐'이라고 본다.[43] 이와는 반대로 스베너스는 살아 있는 신체(몸), 생생한 체험에 주목할 때 질병을 더 온당하게 파악할 수 있다고 본다. 질병을 객관주의적으로 탐구하는 일, 신체(몸)와 무관한 개념으로 포착하는 방식은 질병이 지니는 다양한 스펙트럼을 은폐하는 일이다. 병을 앓는 사람과 그 병과의 관계, 주변인과의 관계, 고통을 통해 맺어진 의사와 환자의 관계에서 질병은 삼인칭의 관점으로만 해명될 수 없다. 이 같은 맥락에서 앞서 계속하여 강조했듯, 툼스 · 스베너스 · 카렐은 질병 체험의 사태를 이루는 근본적인 '질'을 들여다보는 일이 중요하다고 말했다.

질적 탐구의 분석 방법은 체험의 사태를 이루는 본질을 파악하는 일이다. 질적 탐구의 이와 같은 본질 파악은 '형상(Eidos)'[44]을 파악하는 일이라고 한

43 Svenaeus(2019), p.466.

44 Husserl(1968), p.85; 현상학은 질적 탐구를 상대주의로 귀결되는 학문이 아닌 본질을 파악할 수 있는 학문으로서 객관성을 띨 수 있는 본질학으로 간주한다. 이때 현상학의 객

다. 현상학은 그와 같은 형상이 사태를 이루는 객관적 토대라고 본다. 경험에 침전된 세계로부터 발견되는 대상을 조망하는 게 현상학적 탐구라면, 이러한 탐구 방법으로 질병 체험의 근본 사태를 살피는 일이 질병에 관한 지향적 탐구이다. 툼스 · 스베너스 · 카렐에게 질병의 형상은 다음과 같은 것으로 드러나는데, 세 학자로부터 현상학적으로 규명된 질병은 각각 '상실', '낯섦', '불능'으로 제시된다. 가령, 툼스는 질병을 '상실'[45]로 규정한다. 툼스는 이와 같은 상실을 다섯 가지로 분류했는데, 그에 따르면 질병은 (1) 전체성의 상실, (2) 확실성의 상실, (3) 통제의 상실, (4) 자유의 상실, (5) 친숙함의 상실이다. 툼스가 이야기하는 상실은 질병의 근본적인 경험이며 그와 같은 상실로서 질병은 질병을 앓는 자의 온전성(integrity)을 잃게 만든다. 스베너스도 이와 유사하게 질병을 '세계-내-존재의 낯섦(unhomelike being-in-the-world)'[46]으로 규정했다. 스베너스에 따르면 신체(몸)가 원초적으로 세계와의 관계 속에 놓여 있다면, 그와 같은 관계의 친숙함이 '건강'이고, 친숙하지 못한 낯선 상태 혹은 소외된 낯선 상태가 '질병'이다.[47] 스베너스는 하이데거의 표현을 빌려 질병을 존재 현현을 방해하는 친숙하지 못한 사태, 은폐된 것을 개시하지 못한 사태(a-letheia)로 해명했다. 비슷한 맥락에서 카렐 역시 질병을 '능력-불능(dis-ability)'[48]으로 정의했다. 앞서 현상학의 신체(몸)의 근본 양상이 세계와의 관계에서 생각하는 나로서의 의식이 아니라

관성은 과학에서 이야기하는 객관주의와 차이가 있는데, 이와 관련된 자세한 논의는 이남인(2018)을 참조할 것.

45 Toombs(1987), pp.229-235.

46 Svenaeus(2001), p.103.

47 Svenaeus(2001), pp.103-104.

48 Carel(2016), p.78.

'할 수 있음'이라는 점을 살펴봤듯, 세계 속으로 이미 피투(thrown)된 신체(몸)는 세계와의 관계 속에서 선반성적으로 '할 수 있음'의 형태로 존립한다. 하이데거에 따르면 이와 같은 '할 수 있음'은 현존재(Dasein)의 '존재 가능성(Seinkönnen)'을 실현하게 하는 능력이며, 현존재의 본래성을 획득하는 원동력이다. 카렐은 질병을 본래성 획득을 저해하는 것으로 이해하는데, 그에 따르면 질병은 신체, 즉 몸으로 하여금 선반성적 차원에서 세계와의 관계 맺음을 방해한다.

지금까지의 논의를 통해 우리는 세 학자가 제시한 현상학적 질병 이해의 공통점을 확인할 수 있는데, 그것은 세 학자가 질병의 '의료화(medicalization)'[49]의 틀에서 이해하는 것을 비판한다는 사실이다. 의료화란 어떤 문제에 접근할 때 의학(엄밀히는 과학적 의학)의 틀로 인식, 판단, 결정하려는 접근을 말한다. 가령, 의료화는 '주의력결핍 과잉행동장애(Attention Deficit Hyperactivity Disorder)'를 '뇌 기능의 고장'으로 이해하나, 현상학적 접근은 주의력결핍 과잉행동장애를 지닌 환자의 세계를 총체적 상으로 파악함으로써 이 같은 ADHD를 진단한다. 환자에게 어떤 치료법을 적용할지의 여부를 결정하는 문제는 '단순히 질병을 진단하는 것 이상의 문제'[50]이다. 가령, 어떤 진단은 개별 환자에게 전혀 적용되지 않을 수도 있으며, 어떤 치료법은 환자에게 불편을 주고 부작용이 나타날 경우가 있다.

스베너스에 따르면 의료화는 환자에 대한 책임 있는 자세를 간과하는 문제를 낳는다.[51] 의료화는 질병을 단순 기능 고장(dysfunction)으로 간주하지

49 Svenaeus(2019), p.468.
50 Cassell/강신익 역(2002), 264쪽.
51 Svenaeus(2019), p.469.

만, 현상학적 질적 탐구에서는 질병을 정치적 · 사회적 측면까지 고려해야 할 대상으로 본다. 만약 질병이 단순 기능 고장으로만 이해된다면, 시력 저하나 고통을 수반하지 않는 농(deafness)과 같은 경우도 질병으로 간주되어야 할 것이다. 우리는 기능 고장을 지니고 있어도 일상을 이상 없이 친숙하게 살아가는 경우를 쉽게 찾을 수 있다. 더 나아가 신체의 일부 기능이 고장 난 장애(disability)를 지닌 사람도 세계와의 관계 속에서 좋은 삶을 영위하며 건강하게 살아간다. 질병이 기능장애로서 물리적 · 생리적 측면만으로 고려된다면, 뇌졸중에 걸린 환자가 이전의 상태처럼 회복되지 않았지만 조금씩 운동신경이 돌아오는 자신을 건강하다고 생각하는 사태나, 집에서 생활하던 노령 환자가 별 문제 없다가 입원하면서 상태가 갑자기 악화되는 사태를 명확하게 설명할 수 없다.[52] 이는 일인칭의 관점, 즉 세계와 관계 맺는 신체(몸)의 직접적인 체험으로부터 질병이 이해되어야 하는 이유를 보여준다.

4. 결론

지금까지 의철학의 현상학적 동향의 특징을 개괄적으로 살펴보았다. 본 논문의 현상학을 정리한 내용에서 기술하였듯, 현상학은 의식에 주어지는 사태 그 자체에 대한 이해와 해명을 목표로 한다. 그렇기에 의학의 관심사인 건강과 질병을 이해하고 해명하는 데에도 사태 그 자체를 직관하려는 자세와 탐구의 노력을 더한다. 중요한 점은 현상학을 단순한 체험의 기술학으

52 공병혜(2009), 65-73쪽.

로 오해해서는 안 된다는 데에 있다. 현상학은 다양한 체험의 결과를 기술하는 학문적 방법을 지향하고 있지만, 더 나아가 본질 기술의 가능성을 목표로 둔다. 현상학은 통계적 결과나 대상의 범주적 이해를 부정하지 않는다. 하지만 더 나아가 '본질 직관'을 통해 초월론적 탐구의 가능성을 살피는 게 현상학이라는 사실이 결코 간과되어서는 안 된다. 이는 의철학의 현상학적 탐구는 곧 초월론적 현상학적 탐구 속에서 질적 체험의 본질 현상을 확보하는 일과 다르지 않다는 뜻이다.

의철학의 현상학적 탐구 동향의 특징에서 가장 눈에 띄는 것은 현상학적 질병 이해가 삼인칭 관점에서만 이해되는 익숙한 질병관을 다시 살피게 한다는 점이다. 달리 말해 현상학적 질병 이해는 일인칭의 관점도 함께 고찰할 것을 주문한다. 그러한 사정에 따라 의료 영역의 현상학적 이해는 돌봄이 의료와 분리되어 생각될 수 없는 이유를 제공한다. 왜냐하면 앞서 논의한 것처럼, 질병은 신체(몸)의 상호 주관적 관계에서, 즉 '할 수 있음'이라는 사태 속에서 살펴야 할 것이기 때문이다. 상호 주관적 관계는 '나'와 '너'를 배제한 '그것'만이 강조되는 사태를 거부한다. 한마디로 의철학의 현상학적 동향에서 툼스 · 스베너스 · 카렐은 체험의 질을 통한 질병 이해를 강조함으로써 기존의 물리적 · 환원주의적 방식만으로 이해되던 질병관이 놓치고 있는 부분을 비판적으로 보완한다. 이들은 물리적 · 환원주의적 방식도 중요하지만, 이와 함께 질적 이해를 동반한 이해 방식도 병행되어야 함을 강조한다. 질적 이해는 개별 환자들을 향한 사람 중심의 의료를 지향한다. 그런 점에서 예를 들면, '성인지 의학(Gender Specific Medicine)'은 개별자들을 고려한 의학으로서 남성성과 여성성의 사회적 측면이나 소수자의 영역도 의학 탐구의 과제로 본다는 데에 현상학적 질병 이해와 궤를 같이한다고 볼 수 있다.

질병의 상호 주관적 이해는 '우리'라는 차원을 끌어안고 있다. 어쩔 수 없이 유한한 인간이 겪을 수밖에 없는 경험이 질병이라고 해도 실상 질병의 많은 부분이 사회적 문제로부터 발생한다는 측면을 고려할 때, 질병은 각 개인만의 문제가 아니다. 아픔은 '그것', 혹은 '그'의 문제가 아니라 '우리'의 문제로 볼 수 있다. 상호 주관적 세계 속에서 질병을 체험하는 환자의 돌봄은 '우리'라는 사태 속에서 이해되어야 한다.

의철학의 현상학적 탐구가 경고하는 것은 과학적 객관주의에 입각한 산술적 계산에 따른 판단을 사람보다 우선시하는 사태이다. 예를 들면, 질병을 겪는 환자와는 멀어진 채 돈이 되는 질병에만 집중하는 의료계의 풍조는 환자의 질적 체험을 배제한 산술적인 계산에서 비롯된 것이라고 볼 수 있다. 의철학의 현상학적 이해는, 치료와 돌봄에 드는 비용에 허덕이고 생계가 곤란해지는 상황이나, 병원에서 짧은 진료 시간과 환자를 배려하지 않는 시스템을 살펴야 한다고 주문한다. 왜냐하면 현상학적 질병 이해 속에서 신체의 질병은 환자를 살피고 돌봐야 할 영역이 곧 의료의 영역이라는 사실을 가리키기 때문이다. 질병은 단순히 공간을 차지하는 '그것'이 아닌 '우리'의 문제라고 이해할 때, 의료는 돌봄과 결코 분리될 수 없다. 의철학의 현상학적 연구는 치료를 통한 개별 환자의 '좋음'을 지향하는 게 의학이라는 사실을 질적 차원에서 노출시킨다. 환자 개별의 다양한 질적 체험으로 드러나는 '의미'에 주목할 때 획일적 치료 방식으로부터 소외된 현상들이 드러날 것인데, 치유의 온전성은 그와 같이 소외된 현상들을 돌볼 때 더욱 확보될 수 있다. 의철학의 현상학적 탐구는 이와 같은 확보를 지향하며 간구하는 경향 속에서 진행되고 있다. 물론, 이러한 과정은 손쉽게 진행될 수 없다. 왜냐하면 현상학적 질적 탐구에 따른 방법들을 의료 현실에 적용하는 일은 양적 탐구에 따른 대상 이해와는 차원이 전혀 다른 것이기 때문이다. 우리에게 남은 과제는 바로 이론적으로 탐구된 의철학의 현상학적 이해를 현실에 실질적으로 적용하는 일이라고 할 수 있다.

생명의료윤리 현황과 과제*

—인간 향상 논의를 중심으로

심지원_ 동국대학교 철학과 조교수

* 이 글은 「의료윤리에서의 향상(Enhancement)에 대한 고찰」(『철학 · 사상 · 문화』 17, 2014)과 「의료화된 몸과 자기 돌봄을 통한 주체적인 몸」(『아시아문화연구』 52, 2020), 그리고 「4차 산업혁명 시대의 인공지능로봇 기술로 인한 삶의 전도현상에 대한 인문학적 분석」(『경제인문사회연구회 인문정책연구총서』, 2019-02)에 실린 글들을 중심으로 수정하고 보완하였음을 밝힌다.

1. 인간, 자연 그리고 기술

인간과 자연의 관계는 양면성을 갖는다. 슈람메(Schramme)는 인간과 자연의 관계를 정의하면서 자연은 인간에게 적인 동시에 친구이고, 살인자이자 영양 공급자라고 말했다. 인간의 생존은 자연을 전제로 한다. 인간의 신체 중 생명에 지장이 없는 부분을 제외하고는 신체일부가 손상된다고 해도 인간의 생존에는 문제가 없다. 하지만, 물과 같이 자연의 일부가 결여되었을 경우에 인간은 생존할 수 없다. 다른 한편으로 자연은 인간의 삶을 위협하기도 한다. 인간은 자연법칙의 직접적인 영향 아래 있으며, 이러한 영향 아래 자신을 보호해야만 한다. 또한 인간은 다른 생명체와 비교했을 때, 우월한 생태적 지위를 갖고 있지 않다.

자연에 대한 불가피한 의존과 인간 신체의 결함을 보완하기 위해서 인간은 기술에 의지해 왔다. 인간이 처한 이러한 상황은 자신의 목적에 맞게 기술을 사용하는 문화적인 존재의 탄생을 가져왔다. 기술은 더 이상 인간의 실존과 떼어 놓을 수 없는 것이 되었으며, 인간이 선천적으로 지닌 신체적 결함에도 불구하고 환경에 적응할 수 있는가의 문제보다는 '어떻게', '어떠한 도구를 활용하여' 적응할 수 있는가의 문제가 더욱 중요하게 되었다. "인간의 문제에서 개인이 주어진 환경에서 생물학적으로 적응할 수 있느냐가 질문이 될 수 없다. 대신에, 인간이 소유한 대상 · 도구 · 방법 등을 그의 환경에 적용할 수 있는지를 물어야만 한다."[1] "인간의 역사를 살펴보면 호모 사피엔스는 삶의 질을 도구의 사용을 통해서만 향상시켰다."[2] 기술의 발달은 인간이 처한 환경을 변화시키기 위해 다양한 도구들을 활용하는 것뿐만 아니라 인간의 신체를 변화시킬 수 있게 하였다. 인간이 기술을 활용할 수 있는 다양한 영역 가운데 의료의 영역에 한정하여 논의해 보자. 기술의 발달은 인간 신체에 대한 다양한 개입들을 가능하게 함으로써 인간은 많은 의료적 혜택을 누리게 되었다. 하지만 인간 신체에 대한 다양한 의료적 개입의 가능성은 새로운 사회윤리적 문제를 초래하게 되었다. 또한 사회윤리적 문제를 차치하더라도, 무수한 의료적 개입의 가능성 가운데 어떠한 의료적 개입을 활용할 것인지, 어디까지 의료적 개입을 허용할 것인지에 대한 구체적인 고민을 피하기 어렵다. 본고에서는 의료화의 의미, 인간 향상의 의미, 인간 향상 기술로 인한 윤리적 쟁점, 의료윤리에서 향상에 대한 오해들, 인간 향상 기술과 사회적 가치 그리고 마지막으로 인간 향상과 관련된 미래 의료 논의에 대한 문제점을 제기하고자 한다.

1 Jozsef Kovacs(1989), p.261.

2 H.T. Greely(2005), p.94.

2. 의료화의 의미

의료화를 정의한 논의들을 종합해 보면,[3] 의료화는 이전에는 의료와 관계없던 대상이나 영역을 질병이라는 범주로 이동시키고, 사람들을 잠정적 환자 또는 미래의 환자로 만드는 것을 의미한다. 게다가 홍은영에 따르면,[4] "의료의 기업화를 촉진하는 자본주의 이데올로기와 맞물려, 때로는 건강담론을 체계적으로 뒷받침하고 있는 과학주의에 힘입어 거센 물살을 타고 우리 삶을 광범위하게 조절해오고 있다."고 언급한다.

전통적으로 의료행위의 목적은 고통을 완화하거나 질병을 치료하는 것이지만 오늘날 의료는 병원의 울타리를 벗어나 생애주기에 걸쳐 일상의 삶에 개입한다. 태어남, 늙음과 죽음은 의학의 대상이 아니라 일상적 문화, 혹은 종교가 관할하는 영역이었지만, 오늘날은 출산, 노년의 삶과 장례 절차까지 병원을 통해서 이루어진다.[5] 홍은영은 "푸코에 따르면, 죽음이란 18세기까지만 해도 인간에게 자연스러운 현상이었지만 죽음의 병리적 원인을 확립하려는 시체 해부와 임상학이 동시에 등장함으로써 19세기와 20세기

3 "의료화는 이전에 의료 영역 내의 문제로 받아들여지지 않았던 의료 영역 밖의 일상적 삶의 차원에 놓여있던 특정 행위 및 상태가 질병 내지 장애로 인식되고, 정의되고, 다루어지기 시작하는 현상 및 과정이라고 할 수 있다." 정채연(2013), 170쪽. 홍은영은 의료화 현상을 "일상적 삶과 죽음의 현상 및 사건들이 모두 의학적 판단과 개입의 대상이 되고 있는 이러한 현상은 인간 삶의 생애주기 전체를 질병현상으로 가두어 놓음으로써 정상적 삶마저 의료기기가 측정한 수치에 의해 잠정적 환자로, 때로는 미래의 환자로 대기하게 만들고 있는 실정이다."라고 기술한다. 홍은영(2014), 188-189쪽.

4 홍은영(2014), 189쪽.

5 여인석(2019), 49쪽.

에는 병리적 사건이 되었다."[6] 이 외에도 자살에 대한 인식의 변화를 살펴보면, 자살은 "과거에는 도덕적 종교적 범죄적 차원에서 다룬 영역이었던 반면, 오늘날에는 정신병리학의 틀 내에서 정신적 질환의 하나로 이해한다."[7] 또한 감정도 의료화에서 예외가 아니다. 행복감과 같은 감정은 내 삶의 과정에서 느껴지는 것이 아닌 약물이나 감정 BCI와 같은 의료적 개입을 통해서도 측정가능하다.

의료화의 정도와 특성은 대상과 시대에 따라 다르게 나타난다. 여성의 경년기는 남성의 경년기보다 더 많이 의료화의 대상이 되며, 특히 여성의 임신과 출산은 의료의 영역에 자리잡은지 오래다. 또한 시대에 따라 동일한 대상이 질병이 되기도 하고 건강의 상징이 되기도 한다. "19세기 일부 지역에서는 여성의 성적 쾌락을 질병이라고 낙인찍어 음핵을 제거함으로써 치료하기도 하였다. 그러나 현대사회에서는 여성이 성생활을 제대로 누리지 못할 경우, 건강하지 않은 것으로 간주한다."[8]

우리 사회에 의료화라는 현상이 팽배해지면서, 건강함과 병듦은 사람들을 구분하고 배제하고 차별하는 또 하나의 강력한 기준으로 어느새 자신의 자리를 확고하게 차지하게 되었다. 의료화가 더욱 확대되고 그 정도가 심화될수록 의료 행위가 환자의 외모 · 감정 · 행복 · 인지적 능력 · 성적 능력 · 운동 실력 등과 같은 몸의 외적 향상과 기능 향상도 의료 행위의 목적이 될 수 있는지, 그리고 의료 종사자인 의사의 역할이자 의무인지에 대한 고민을 던져 주었다. 의료화는 의료적 기술의 도움으로 몸을 '주어진 것'에서 '선택

6 홍은영(2014), 193쪽.
7 홍은영(2014), 194쪽.
8 홍은영(2014), 210쪽.

할 수 있는 대상'으로 인식할 수 있는 계기를 마련하였고, 이는 모든 사회적 문제의 대안이나 해결책을 생물학적인 것으로 환원시키고 사회적 책임을 개인에게 전가할 여지를 남겨 두었다.

3. 의료윤리에서 향상의 의미

본 장에서는 의료윤리에서의 향상에 대한 다양한 정의, 향상에 활용하는 수단과 방법과 향상의 다양한 종류에 대해 살펴보고자 한다.

1) 향상에 대한 다양한 정의

향상이라는 표현은 일반적으로 개인적인 측면에서뿐만 아니라 사회적인 측면에서도 긍정적으로 평가되는 단어이다. 그 정도가 극단적으로 치닫지 않는다는 것과 개인의 자율적인 결정을 전제하면, '향상'은 개인적인 측면에서는 개인의 건강 상태에서부터 자아실현, 삶의 질, 인간관계 그리고 사회적인 측면에서는 정치 정책, 사회 경제력의 향상에 이르기까지 '향상'은 대부분 긍정적인 의미를 내포한다. 의학 기술의 발달로 인해 인간 몸의 형태나 인간이 활동하는 다양한 분야에서 기능을 향상시킬 수 있는 개입의 폭이 확장되고 정도가 강화되었다. 포터(Porter)는 이러한 현상을 '발전의 이데올로기'라고 비판하였고, 또 다른 한편에서는 이러한 현상을 '자아실현의 가능성 확장'이라고 옹호하였다.

많은 이론가들이 '향상'의 개념에 대해 수많은 정의를 제시했지만, 아직까지 의료윤리에서 향상의 개념에 대해서 합의된 정의는 존재하지 않는다. 향상의 정의는 인간 신체의 외관과 기능을 변화시키는 것이라는 기본적인 틀에 기반하고 있지만, 어떤 측면에 관심을 갖는가에 따라 '향상'은 다양하게 정의될 수 있다. 이미 존재하는 '향상'의 정의들은 다음과 같이 정리할 수 있다:

① 향상을 정의하는 가장 지배적인 정의는 치료에 대한 반대 개념으로 향상을 정의하는 것이다.

> "향상이라는 용어는 생명윤리에서 일반적으로 양호한 건강을 유지하거나 회복하는 데 필요한 것을 넘어서 인간의 몸이나 기능을 향상시키기 위한 의도로 개입된 것이다."[9]

> "향상이라는 것은 병의 완화, 치료, 예방을 넘어서 건강한 사람들이 아름다움·개선·능력 향상을 위해 약리학적인 개입, 외과적인 개입, 생명기술적인 개입을 동원하는 것으로 이해된다."[10]

② 사불레스쿠(Savulescu)는 향상을 행복 개념과 연관짓는다.

> "향상은 사람의 생명 작용이나 심리학에서의 어떤 변화이든지 어떤 환경에서 행복한 사람으로 이끄는 기회를 증가시키는 것이다."[11]

9 Juengst(1998), p.29.
10 Schoene-Seiffert(2007), p.99.
11 Savulescu(2006), p.324.

③ 하일링어(Heilinger)와 해리스(Harris)는 향상의 개념을 정의할 때, 향상에 대한 주관적인 평가를 주요 요소로 꼽는다.

> "향상은 인간의 총체적인 기능을 주관적으로 보았을 때 긍정적으로 평가된 인간의 의도적인 행위라고 정의할 수 있다."[12]

> "인간 기능의 향상은 그 의미처럼 이전의 상태에서 나아지는 것을 의미한다."[13]

④ 빌러-안도르노(Biller-Andorno)는 향상의 개념을 사회문화적인 맥락에서 정의한다.

> "인간이 인간의 능력과 인간의 형태를 각각의 사회문화적인 맥락에서 향상이라고 인식되는 방식으로 바꾸려고 의도하는 의료적인 개입과 생명기술적인 개입의 목적은 치료하거나 예방하는 방식이 본질이 아니다."[14]

이처럼 아직까지 향상에 대해서 합의된 정의는 존재하지 않지만 치료에 대한 반대 개념으로서의 향상 개념, 행복 개념을 중시하는 향상 개념, 주관적인 평가를 중시하는 향상 개념, 사회문화적 맥락을 중시하는 향상 개념으로 정리해 볼 수 있다.

12 Heilinger(2010), p.60.
13 Harris(2007), p.9.
14 Biller-Andorno(2011), p.5.

2) 다양한 수단과 방법

일상적인 의미에서 '향상'이란 어떤 상태가 더 나은 상태로 변화하는 것을 의미한다. 더 나은 상태로 변화하기 위해서 인간은 끊임없이 도구를 사용해 왔다. 인간은 자신의 생존이나 만족을 위해, 인간이 처한 환경뿐만 아니라 인간 자신을 변형하고 향상시키고자 한다. 향상을 위해 필요한 수단과 방법은 무수히 존재한다.

인간을 추위로부터 보호하는 짐승의 털가죽부터 빠르게 이동할 수 있는 자동차에 이르기까지, 이러한 예는 수도 없이 많다. 또한 이는 유형적인 도구에만 국한되지 않는다. 지적 능력을 향상하기 위해서 만든 교육체계, 더 나은 삶을 위한 여러 정책들도 인간 향상을 위한 도구가 될 수 있다. 신체적인 형태의 향상이나 기능의 향상을 위한 의료적인 개입 즉, 약물 복용이나 수술과 같은 기술도 있다. 의료윤리에서 인간 향상은 의료적인 개입이 고통 완화나 치료의 목적을 넘어서서 그 이외의 용도로 활용되는 경우를 의미한다. 그렇기 때문에 의료윤리에서 인간 향상 논의는 의료적 개입이 아닌, 학교 교육이나 사회적 제도 등을 통해서 향상되는 것과는 다른 논의이다. 하지만 뷰캐넌과 같은 학자는 이러한 수단과 의료적인 수단 사이에 차이점이 존재하지 않는다고 주장하기도 한다.

3) 개입의 정도

향상은 치료가 아닌 그 이상을 목적으로 의학적인 개입을 어느 정도까지 허용하느냐에 따라 두 가지로 나눌 수 있다. 베르나르트 게장(Bernard

Gesang)에 따르면, 향상은 '완만한 향상'과 '급진적 향상'으로 분류가능하다. 완만한 향상은 이미 인간에게 존재하는 특성을 점진적으로 강화시키려는 것이고, 급진적 향상은 현재 인간 종의 일반적인 특성을 극복하려는 것이다. "여태까지 우리에게 일반적으로 통용되었던 수단 즉, '관습적인 수단'으로는 불가능했던, 지금까지의 일반적인 경계를 넘어서는 정도를 의미한다."[15]

완만한 향상은 인간 종 내에서의 변화를 의미하고, 급진적 향상은 인간 종을 넘어선 변화를 의미한다. 각각의 구체적인 예를 들어 보면, 완만한 향상은 올림픽에 참가한 육상 선수가 현재 최고 기록을 보유하고 있는 선수보다 얼마나 더 빨리 뛸 수 있느냐의 문제이고, 급진적 향상은 사이보그와 같은 새로운 형태와 기존에 불가능했던 새로운 능력을 획득하는 것과 같은 문제이다. 루드비히 집(Ludwig Siep)은 "오늘날 우리가 상상하는 향상된 인간의 모습은 예전과는 현격하게 다르다. 우리는 더 이상 인간에게서 우리가 꿈꾸는 인간의 모습을 찾지 않는다. 우리는 인간이 아닌 존재나 기계의 능력을 추구한다. 우리가 그동안 지향해 온 인간의 신체 기능이 강화되는 것과는 다르다."라고 지적했다.[16]

4) 향상의 형태

향상에 관한 논의에서 다루어지는 구체적인 시술들의 예로는 성형수술,

15 Gesang(2009), p.222.
16 Siep(2006), p. 27.

운동 능력이나 기록을 향상시키기 위해서 사용하는 도핑, 집중력을 향상시키기 위해서 쓰이는 약물, 성적 기능을 향상시키기 위해서 사용하는 비아그라(Viagra)와 같은 약물, 우울한 기분을 상쇄시키기 위해 사용되는 프로작과 같은 약물 그리고 노화로 인한 외모나 정신적인 기능의 퇴화 속도를 늦추거나 오히려 젊음을 되찾으려는 노력의 일환으로서의 안티-에이징 시술이 있고, 외골격 로봇, 3D 프린팅, 나노기술, 뇌컴퓨터 인터페이스(BCI), 마이크로 칩 이식 등이 있다.

본 연구자는 이러한 다양한 의학적인 시술이나 약물을 통해 이루어지는 '향상'을 두 가지 범주로 나눌 것을 제안한다. 하나는 '형태-향상', 다른 하나는 '기능-향상'이다. '형태-향상'이라는 것은 주로 외형적인 향상을 그 목적으로 하며, 여기에 사용되는 가장 대표적인 시술로는 성형수술을 들 수 있다. 물론 성형수술의 동기가 단지 외모향상의 욕구 때문만은 아니다. 선천적으로 신체의 외관이나 기능이 문제가 있는 경우, 사고나 병으로 인해서 신체의 일부가 손상되었을 경우와 같이 치료를 목적으로 하는 재건수술과 성형수술은 구별된다. 신체 일부의 손상을 재건하려는 의료 행위는 치료라고 간주하지만, 치료를 넘어 좀 더 나은 외형을 갖추기 위해서 의료 행위의 도움을 받는 것은 '형태-향상'으로 볼 수 있다. 또 다른 향상의 범주로는 '기능-향상'이 있다. 기능-향상이란 자신의 기억력, 집중력이나 운동 능력, 성적 기능이나 감정의 향상을 위해서 의료 행위의 도움을 받는 것을 의미한다.

4. 의료윤리에서 수단 및 방법에 관한 논의: 자연스러움

일상생활에서의 '향상'에 대한 욕구가 의학 기술의 발달에 힘입어 결국 건강한 사람의 몸으로까지 의료개입의 폭을 확장시키고, 그 개입의 깊이를 심화시킨다. 건강한 사람의 몸에 의학적으로 개입하는 것은 근본적으로 세 가지 논의, 즉 '향상'에서 목적의 문제, 수단과 방법의 문제 그리고 인간 본성의 위배의 문제를 불러일으킨다. 이 세 가지 문제 가운데 무엇보다도 인간 향상 수단 및 방법에서 자연스러움에 관한 문제를 중심으로 다루어 보고자 한다.

1) 일상에서 자연스러움에 대한 신뢰성

사회적인 맥락에서 개인이 이루고자 하는 자신의 외적인 형태나 신체·인지 기능을 향상하기 위해서 어떤 수단과 방법을 사용하느냐의 기준 가운데 '자연스러움'이라는 기준이 강한 잣대로 사용되고 있다. 자신의 특정한 부분을 향상시키기 위해 선택하는 다양한 수단과 방법이 일상에 존재한다. 의학 기술의 발달은 그 수단과 방법의 가능성을 더욱 확장시켰다. 그리고 기존의 수단 및 방법과 현저한 차이점이 있다. 의료적 개입으로 인해서 발생할 수 있는 부작용을 제외하고는 그 효율성이 기존의 것과 비교해 월등하다. 고도의 집중력을 필요로 하는 프로그래머는 집중력을 강화하기 위해서 열심히 운동을 하거나 명상을 할 수도 있겠지만, 리탈린이라는 약을 복용함으로써 집중력을 지속적으로 유지할 수도 있다.

현대인의 다수가 기분전환이나 집중력 향상을 위해 에너지 드링크, 콜라,

커피 또는 술을 즐겨 마시고 담배를 피운다. 관습적인 방식을 통해 집중력을 향상시키는 것에 대해서는 관용적인 태도를 보이면서도 약물복용과 같은 의료적 개입을 통해 집중력을 향상하고자 하는 행위에 대해서 비판적으로 바라보는 이유는 무엇인가? (물론 커피와 같은 기호 식품과 인지향상 약물을 동일시할 수는 없다.)

'자연스러움'이라는 기준이 의학적인 수단과 방법을 일상생활에서 사용하는 데에 정당성의 기준으로 사용되는 것이 합당한지에 대해 살펴보기 위해서 자연스러움이 무엇을 의미하는지 그리고 자연스러움과 비-자연스러움과의 경계는 어떻게 나눌 수 있는지에 대해서 살펴보자.

2) '자연스러움' 의미의 다의성

'자연스러움'이라는 말은 일반적으로 '믿을 수 있는', '자명한', '보통의', '꾸밈이 없는', '진정성 있는', '진짜의' 그리고 '자발적인' 등의 의미로 쓰이고, 반대되는 의미로는 '자연에 위배되는', '이상한' 등과 같은 말로 쓰이기도 한다. 일반적으로 자연 및 자연스러움은 일상에서 긍정적으로 평가되고 있다. 철학자 존스튜어트 밀(John Stuart Mill)의 『자연』이라는 저서에서도 찾을 수 있다.

> "'자연에 맞게' 생각하고, 느끼고 또는 행위하는 그런 것들은 도덕적인 질에 대한 강한 논증으로 여겨진다. '자연이 무엇인가를 명령했다'는 것이 어떤 타당성이 있다고 말할 수 있다면, 대부분의 사람들은 그러한 명령에 복종하

는 것이 도덕적으로 옳다는 것이 증명된 것으로 생각한다."[17]

우리가 일상에서 사용하는 많은 제품들도 자연적인 재료나 자연적인 방법으로 제작된 것을 선호한다. 이를 일상생활에 확대해 보면, 우리는 자연적인 방법, 즉 지금까지 해 오던 관습적인 방법에 더욱 관용적인 태도를 보인다. 예를 들면, 체중을 줄이기 위해서 지방흡입술을 하는 것보다 운동하는 것을 더욱 자연스럽다고 생각한다. 일상생활에서 기존에 우리가 사용하던 수단이나 방법 대신, 의료적인 개입이라는 방법을 사용하는 것에 대해서 사람들은 거부감을 느끼곤 한다. 물론 다수의 사람들이 향상을 목적으로 의료적인 방법에 대해 거부감을 표현하는 것이 단지 자연스럽지 못하다는 이유만은 아닐 것이다. 이에 대해서는 뒷부분에서 다시 논의하고자 한다.

이러한 거부감은 기술의 발달로 가능해진 의료적 개입의 활용을 사회적으로 수용하기 어려운 이유 가운데 하나이기도 하다. 가장 대표적인 예가 안락사이다. 안락사에는 약물 투여 등으로 죽음에 이르게 만드는 적극적인 안락사와 단지 죽음에 이르도록 내버려두는 소극적인 안락사가 있다. 이 둘 중 소극적인 안락사는 여러 나라에서 합법적으로 용인되고 있다. 왜냐하면 소극적 안락사는 자연스러움에 부합하는 면이 더 많은 것 같기 때문이다. 마찬가지로 커피나 차를 마셔 졸음을 떨쳐 버리려 하거나, 맥주 한잔을 하면서 기분을 전환하려고 하는 관습적인 방식들보다는 약물을 사용해 동일한 목적에 도달하려고 하는 새로운 방식들에 대해 사람들은 쉽게 거부감을 가진다. 하지만 이렇게 자연과 자연스러움을 옳음의 가치와 등가화하는

17 Mill(1984), p.15.

태도는 때때로 역사적으로 기존 사회에 존재하는 차별을 정당화하는 데 쓰이기도 했다. 종족 간의, 성별 간의, 계층 간의 차이를 자연스러운 것이라고 주입시킴으로써 대중은 이를 자연스러운 것이기 때문에 옳다고 받아들이기도 했다.

자연스러움의 개념을 정의하는 것은 어렵기 때문에 자연의 반대 개념을 통해서 자연 개념을 살펴보자. 자연과 기술, 필연성의 영역인 자연과 인간이 정해 놓은 질서의 영역, 자연과 부-자연, 자연과 문화, 자연과 이성, 자연과 정신, 자연과 초능력 그리고 자연과 인위이다. 이런 식으로 자연과 그에 반하는 자연의 개념을 만들다 보면 결국 다음과 같이 자연을 정의할 수 있을 것이다: '모든 것은 자연이다.' 자연 및 자연스러움의 개념이 어떤 맥락에서 쓰이냐에 따라 다른 의미를 품는다.

자연에 개입할 가능성이 많아지면 많아질수록 자연을 정의하기는 더욱 어려워진다. 기술의 발달로 인해 자연 개념은 점점 더 불명확해진다. 중환자실에서 인공호흡기의 도움으로 생명을 유지하는 환자의 경우를 생각해보자. 이 환자의 경우 인위적인 인공호흡기의 도움으로 생명을 인위적으로 연장하고 있다. 하지만 인위적이라는 이유로 환자의 인공호흡기를 제거한다면, 이 역시 도덕적으로 비난받을 것이다. 인공호흡기에 의존해서 생명을 연장하는 것이 오늘날 자연스러운 것이 되었기 때문이다. 이렇듯 자연스러움과 부자연스러움의 경계가 과학기술의 발달로 더욱 모호해졌다.

3) 제한된 자연 개념

무엇이 '자연적인 것'인지 '인위적인 것'인지는 단지 특정한 기준에서만 자연스럽거나 인위적이라고 구분할 수 있을 것이다. 그런데 자연스러움의 차원을 좀 더 세분화할 수도 있다. 하나는 어떻게 생겨나게 되었는가 하는 발생의 의미를 기준으로 그리고 또 다른 하나는 어떤 대상의 특성이나 형상을 기준으로 구분할 수 있다고 비른바허(Birnbacher)는 말한다. 일상에서의 구체적인 예를 들어 보자. 자연의 향을 모방한 향수와 영국의 정원은 생성 방식에 따르면 둘 다 인위적으로 볼 수 있지만 그들의 특성이나 형상을 기준으로 보면 둘 다 자연적이다.[18]

이를 항우울제의 약 가운데 하나인 프로작을 치료가 아닌 기분전환용으로 복용하는 것에 적용해본다면, 이는 발생의 의미에서는 인위적이다. 왜냐하면 연구자가 약물을 인위적으로 만들었기 때문이다. 하지만 프로작이 실제로 신체에서 어떤 반응을 일으키는지 그 특성을 살펴보면, 우리가 행복감을 느낄 때 뇌의 세라토닌의 농도가 높아지는 것과 같은 반응을 한다. 그래서 특징적인 측면에서는 프로작을 복용하는 것이 자연적인 것으로 볼 수도 있다.

18 Birnbacher(2006), p.8.

5. 인간 향상 기술로 인한 윤리적 쟁점

첫째, 자율성의 문제이다. 인간 향상 기술을 선택하는 경우, 그러한 결정이 자신의 자율성에 기반하는가가 중요한 논의이다. 삶에서 아무런 영향력이 없는 상태에서 진정한 자율성을 행사하는 것은 불가능할 것이다. 그렇다고 자율성의 실현이 불가능한 것은 아니다. 특히 의료적 기술을 활용하는데 있어서 자율성을 확보하는 문제는 매우 중요한 사안이다.

둘째, 진정성의 문제이다. 약물을 복용한 사람이 행복감을 느낀다면, 그것을 진정한 행복으로 간주할 수 있을까 하는 질문을 던질 수 있다. "약물을 통해 얻은 행복을 가짜라고 하는 이유는 약물 복용으로 얻은 상태와 우리의 삶이 분리되기 때문이다. 약물을 복용함으로써 얻은 고양된 정서가 우리를 실제 생활로부터 분리하지 않는다면, 그것을 가짜 행복이라고 말할 수 없을 것이다."[19] 이상헌의 주장에 따르면, 신체에 행복하게 만드는 호르몬과 같은 칩을 이식하여 행복해지고 그것이 삶과 분리되지 않는다면 그가 느끼는 행복은 진정한 행복이라고 간주할 수 있을 것이다. 또한 약물이나 기술을 통해 행복이 일상이 된다고 가정한다면, 그때 행복의 의미는 무엇인지에 대해 질문할 수 있다.

셋째, 인간 향상 기술로 인해 사회의 구성원들이 불평등해질 것에 대한 우려이다. 의료 기술로 인한 불평등의 문제는 인간 향상 기술과 관련해서 가장 중요한 논의 가운데 하나이다. 인간 향상 기술은 자본과 긴밀한 관계에 놓여 있기 때문에 인간 향상 기술이 기존의 불평등을 강화하거나 또 다

19 이상헌, 2000, 143쪽.

른 불평등을 초래할 수 있다.

기술이 자본과 결합했을 경우, 기술이 선한 기술로 작용할 수 있는 확률이 높지 않다. 수많은 희귀병 치료약은 소수에게만 필요하다는 이유로 즉 경제적인 이유로 개발되지 않는다. 인간 향상 기술이 상용화되기까지는 많은 시간이 걸릴 것이고, 그러한 기술이 상용화되기 전까지 그 기술은 경제적으로 부유한 사람들에게만 혜택을 제공할 것이다. 첨단 의족이 개발되었다고 해도, 그것을 활용할 수 있는 자는 소수이다. 뷰캐넌은 이러한 우려에 대하여 부자들을 자발적인 기니피그 즉, 위험을 감수하는 선구-자원봉사자(volunteer risk-pioneers)로 비유하며 이렇게 말했다. "부자들은 높은 가격을 지불하고 혁신의 1세대 버전을 산다. 그 제품들은 종종 결함이 있고, 가끔은 위험하다. 후에 오류가 제거되고 안전 문제가 해결되면, 우리는 개선된 버전을 낮은 가격에 산다. 그러한 거래는 어떠한가? 만약 당신이 생명 의료 향상이 나쁜 결과를 가져올 것을 걱정한다면, 선구-자원봉사자가 있음에 감사해야 한다. 실험이 엉망이 된다면 그 폐해는 그들에게 한정될 것이다. (…) 부자들은 우리 나머지보다 앞서서 이득을 얻지만, 그들은 또한 더한 위험과 비용을 감수한다."[20]

뷰캐넌의 이러한 주장이 일리는 있지만, 모든 기술이 활용화되는 과정에서 완성되는 것은 아니기 때문에 대다수의 경우 부자들이 기니피그로 존재하지 않을 것이다.

기술에 대한 접근성 논의와 함께 인간 향상 기술을 활용하는 사람과 그렇지 않은 사람들 사이의 불평등 문제도 중요하다. 의료 기술은 기존에 명확하

20 Buchanan(2011)/심지원 · 박창용 역(2015), 129쪽.

게 구분가능하다고 생각했던 사람들의 경계를 느슨하게 만들었다. 의족의 발달은 장애인이 비장애인에 비하여 신체적으로 우월하지 않다는 것에 의문을 던지게 만들었다. 의족을 착용하고 비장애올림픽에 출전한 오스카 피스토리우스의 사례를 들어 살펴보자. 그가 의족을 착용하고 비장애올림픽에 출전함으로써 장애와 비장애 사이에 명확하게 구분되었던 그 경계를 느슨하게 하였고, 이는 장애에 대한 새로운 인식을 가능하게 하였다. 비장애인은 올림픽 경기에 장애인은 패럴 올림픽 경기에 각각 참여할 수 있다. 하지만 오스카 피스토리우스의 경우는 어떤 올림픽 경기에 참여하는 것이 평등하고 공정할까? 여성과 남성은 남녀로 구분된 스포츠 경기에 참여할 수 있고, 그것은 평등하고 공정한 것이었다. 그렇다면 여성 트랜스젠더나 남성 트랜스 젠더는 어느 경기에 참여해야 평등하고 공정한 경기일까라는 문제도 새롭게 대두되고 있다. 평등이나 공정성이라는 개념 자체는 오래된 철학적 주제이고 개념이지만, 의학기술의 발달로 신체에 의료적 개입이 점점 더 용이해지고 있는 오늘날 평등이나 공정성이라는 가치가 품어야 하는 요소들은 더욱 증가하고 있고 복잡해지고 있다.

6. 의료윤리에서 향상에 대한 오해

'향상'의 특성, 목적, 기대, 결과에 대해 오해가 만연하고 있다. 따라서 '향상'에 대한 오해로 인해 '향상'이 원래 추구하고자 했던 목적이나 특성이 잘못 인식되고 '향상'으로 인한 결과에 대해서도 허황된 기대를 하게 하거나 무조건적으로 부정적인 태도를 나타내는 결과를 초래하기도 한다. '향상'에 대해 일반적으로 오해하고 있는 것들은 무엇이며, 그러한 오해가 정당한지 살펴보고자 한다.

1) '향상'을 목적으로 하는 의료적 개입은 전지전능하다

향상을 위한 의료적 개입을 반대하는 사람들의 가장 일반적인 오해는 '향상'을 목적으로 하는 의료적 개입의 결과를 과대평가하는 것이다. 인간의 신체라는 것은 인간이 살아가기 위한 기본 전제임에 틀림이 없다. 향상을 위한 목적으로 활용한 의료적 개입은 인간의 신체나 정신, 인지, 정서와 관련된 부분만 변화시킬 수 있으며, 개인이 처한 주변환경까지 변화시킬 수는 없다. 인간의 삶은 생물학적인 측면만으로 결정되는 것이 아니다. 인간이 처한 주변 환경의 영향력을 간과할 수 없다. 향상을 위한 의료적 개입은 목적을 이루는 데 도움을 주는 정도이며, 다양한 수단과 방법들 가운데 단지 하나의 방법에 지나지 않는다. 이러한 의료적 개입이 의료적 개입이외의 요구되는 부분들의 지속성을 담보하는 것도 아니다.

또한 아무리 좋은 향상 기술이 개발되고 활용할 수 있다고 해서 한 사람 전체를 향상시키는 것은 불가능하다. 향상 기술은 구체적으로 특정한 부분을 향상시키기 위해 활용된다. 인간은 기능성이 중시되는 제품과는 다르기 때문에, 어떤 사람의 특정한 부분을 향상시킴으로써 그 사람이 향상되었다고 볼 수는 없다. 어떤 특정한 부분을 향상시키는 것은 다른 부분의 부작용이나 퇴화를 감수해야 하는 경우도 발생한다. 예를 들어, 우울증 환자가 아닌 사람이 더 행복해지기 위해서 프로작을 복용할 경우에 다른 측면에서 기능의 약화를 초래할 수 있다. 인간 향상 기술을 활용한다는 것은 어떤 사람이 지닌 특정한 부분을 향상시키는 것이지 그 사람 자체가 향상된다고는 볼 수는 없다.

2) 인간 향상 기술은 경쟁적인 맥락에서만 활용된다

향상 기술을 활용하는 것을 반대하는 이론가들은 이 기술은 경쟁적인 차원에서 활용되고 이는 결국 사회에서의 경쟁구도를 더욱 강화하게 된다고 비판한다. 하지만 '향상'을 위한 시술들이 경쟁적인 의미만을 내포하는 것은 아니다. 많은 프로그래머들이 리탈린을 복용하는 이유에는 경쟁에서 이기려는 욕구도 있겠지만 자신의 한계에 도전하고 싶은 욕구도 존재한다. 또한 인간의 모든 행위가 경쟁적인 욕구와 관련된 것도 아니다.

3) 향상의 목적은 완벽이다

의학 기술이 인간의 모든 바람을 실현해 줄 수 있을 정도로 발전했다고 가정하더라도 인간은 현재의 키보다 좀 더 큰 키를 원하는 것이지 3미터나 5미터 정도까지의 키를 원하지는 않을 것이다. 사람들은 더 잘 듣고 싶은 것이지 소머즈처럼 되는 것을 원하지 않을 것이다. 인간의 신체는 '나'라는 정체성의 일부이기도 하지만 인간이라는 종의 일부이기도 하다. 인간 향상 기술을 사용하는 것에 대해서 완벽해지려는 욕망으로 이해되는 경향이 많다. 하지만 인간은 첨단 기술이 발달하여 모든 방법을 동원한다고 해도 완벽은 불가능하다. 오히려 인간 향상 기술을 완벽해지고 싶은 욕망안에 가두어 논의하는 것 자체가 건설적인 논의의 방향성을 잃게 한다. 인간 향상 기술에 대한 논의에서 중요한 것은 완벽이 아니라 정도의 문제이고, 우리가 어디까지 그 기술의 사용을 허용할 것인가의 문제이다.

7. 인간 향상 기술로 인한 사회적 가치의 변화

과학기술로 인한 인간 신체에 대한 개입은 기존에 합의되었던 사회적 가치들에 대해 새롭고 다르게 생각할 수 있는 계기를 제시한다.

기술이 발달함에 따라 인간의 신체에 대한 개입의 영역과 정도는 확대되고 심화되었다. 이러한 개입들 가운데, 재생산과 장애에 대한 논의, 신체보형물을 신체의 일부로 간주해야하는 것의 문제, 생물학적 현상을 선택의 문제로 바라보는 것에 대한 논의에 대해 간단하게 살펴보고자 한다.

1) 장애에 대한 인식의 변화

청각장애인 레즈비언 부부가 자신의 아이가 청각장애인으로 태어나기를 바라는 마음에서 의도적으로 5대째 청각장애 가족에서 정자 공여자를 찾은 행위에 대하여 사람들은 도덕적 비난뿐만 아니라 분노를 퍼부었다. 대부분의 사람들이 이러한 행위에 대하여 도덕적으로 비난한 것에 대한 이유는 쉽게 짐작할 수 있다. 이 행위에 대하여 사람들이 비난한 다양한 이유 가운데 가장 큰 이유는 자신의 아이를 의도적으로 장애인으로 태어나게 했다는 것이다. 하지만 이 보다도 사람들이 그 부부를 비난했던 실질적인 이유는 아마도 누군가가 장애를 선호할 수 있다는 것에 대한 당황스러움이 큰 역할을 했을 것이다. 또한 이 사례는 우리 사회에서 장애를 어떻게 인식하고 있는지 간접적으로 보여주었고, 우리가 인간 향상 논의를 비장애인에 한정하여 논의하고 있다는 것을 인식하게 하는 계기를 제공하였다.

2) 인간 신체로서의 신체 보형물

신체 보형물을 누군가가 가져간다면 그의 행위는 절도죄에 해당하는가 상해죄에 해당하는가 하는 물음을 던질 수 있다. 현행법에 따르면, 신체 보형물을 착용하고 있는 상황에서 그 신체 보형물을 훼손할 경우는 상해죄에 해당하고, 신체 보형물과 신체가 분리되어 있는 상황에서 동일한 행위는 절도죄에 해당한다. 2010년 의족을 착용하고 아파트 경비 일을 하던 양 씨는 자신이 일하는 아파트 단지에서 제설 작업을 하다가 눈길에 넘어지면서 의족이 파손(?)됐다. 양 씨는 일을 하다 다쳤으니 업무상 재해라며 근로복지공단을 상대로 요양급여를 지급해 달라는 소송을 냈지만, 처음에는 양 씨의 주장이 받아들여지지 않았다. 1, 2심 재판부는 현행법상 '업무상 부상'의 범위에 의족은 포함되지 않는다고 판결했다. 하지만 대법원의 판단은 달랐다. 대법원은 장애인에게 의족은 단순한 보조기구가 아닌 사실상 다리나 마찬가지라고 봤고, 업무상 부상의 대상 역시 타고난 신체 외에 의족 또한 포함한다며 양 씨의 손을 들어 줬다. 신체 보형물에 대한 인식의 문제를 비롯하여, 신체 보형물을 착용한 사람들이 겪게 되는 사회문제들은 신체 보형물에 대한 더 활발한 윤리적 논의를 필요로 한다.

3) 생물학적 본질에서 선택으로

여성들이 살아가면서 생리를 하는 기간은 얼마나 되는가? 10~50대 가임기 여성은 매달 한 번, 평생 약 400번 정도이고, 여성이 평생 동안 생리하는 날들을 합치면 그 기간이 10년이나 된다. 만약 생리가 없는 세상이 가능하게 된다면, 여성들은 10년이라는 시간을 보상받을 수도 있다. 1993년 휴고상, 네뷸러상, 로커스상을 받은 작품인 〈여왕마저도〉에서 코리 윌리스는 생리를 하지 않는 것이 일반화된 사회의 모습을 그렸다. 이 소설 속에서는 생리를 하는 소수의 여성들의 모습이 낯설게 느껴진다. 피임이나 치료를 목적으로 생리를 조절하는 경우를 제외하고, 가임기 여성에게 생리는 여성의 생물학적인 특징 가운데 하나로 여겨진다. 피임이나 치료를 목적으로 생리를 조절하는 방식으로는 피임약을 복용하거나 미레나와 같은 자궁내 삽입 장치를 활용하는 것이 있다. 1990년 핀란드에서 처음 사용된 미레나는 처음에는 5년간의 피임 목적으로 사용을 승인받았지만, 2001년도부터는 생리 과다의 치료 목적으로, 2005년에는 폐경 전후기 여성의 호르몬 치료 시 자궁내막 보호의 목적으로 사용을 승인받았다. 우리나라에서도 1998년 생리 과다, 월경통, 폐경 호르몬 치료 시의 자궁내막 보호와 같은 사용 목적에 대한 승인과 2000년 피임에 대한 승인을 받았으며 1999년부터 임상에서 적용되고 있다.[21] 피임과 질병치료라는 목적은 다르지만 이를 위한 의료적 개입은 동일하다. 피임이나 치료의 목적이 아니라 일상에서 생리로 인한 여러가지 어려운 점에서 벗어나 삶의 질을 향상시기키기 위해 피임이나 치료를 위한

21 이지영(2018).

목적으로 활용되는 방식을 사용하는 여성들의 문제는 어떻게 바라볼 수 있는가? 가임기 여성들의 생리는 생물학적 특성 가운데 하나로 여겨졌지만, 생리를 주어진 것이 아니라 선택할 수 있는 것으로 주장하는 경우도 있다.

8. 향상과 관련한 의료 논의에 대한 문제 제기

4차 산업혁명시대에 응용윤리학의 특징 가운데 하나는 기술과의 친밀성이다. 인공지능윤리, 의료윤리, 환경윤리, 생명윤리와 같이 나름 응용윤리학에서 주류인 학문들은 기술 환경 속에서 논의할 수밖에 없다. 기술로 점철된 환경 속에서 기술윤리는 몇 가지 공통된 특징을 보인다. 주로 개발자들이 진지한 고민 없이 사용하는 용어로 인한 문제, 학제 간 연구의 어려움, 환경이 된 기술, 현실에서의 기술 의존도와 학문에서의 기술에 대한 비판의 괴리 등이다. 과거와는 달리 그 영향력이 크고 변화의 속도가 매우 빠르기 때문에 기술에 익숙하지 않은 인문학자들에게 기술 관련 연구는 쉽지 않다. 또한 현실에서는 기술에 적응해야 하는 강압이 있고, 연구 분야에서는 기술에 대한 비판적 시각을 태생적으로 품고 있는 기술윤리 연구자들이 처한 모순된 상황이 이념은 아름다우나 실천과는 괴리되는 공허한 양상처럼 보이기도 한다. 기술에 대하여 어떠한 태도를 취하든 간에 기술윤리 연구는 기술과 견고한 연결 속에서 이루어지고 어떤 학자들은 융합 연구라는 곳으로 안개에 싸인 길을 제대로 정비된 무기 없이 걸어 나서곤 한다.

1) 기술 활용의 정도가 다른 사람들의 공존

기술이 단지 도구적인 의미를 넘어서 인간의 환경이 되어버린 오늘날 기술을 활용하는 문제에 있어서 그 선택권을 우리는 여전히 가지고 있는가라는 의문이 든다. 선택권에 대한 자율성이 비좁아진 사회이지만, 그 안에서도 기술을 어느정도까지 활용할 것인가에 대한 논의는 중요하다. 더 나아가 새로운 기술에 대한 수용태도는 사람마다 차이가 있고, 기술을 활용하는 정도는 다양하다. 오늘날 기술을 적극적으로 활용하는 사람과 그렇지 못한 사람들이 함께 살아가고 있다. 언어와 종교, 문화가 다른 사람들 뿐만 아니라 자신의 몸에 기술을 활용하는 정도에 따른 다양한 몸을 지닌 사람들이 함께 살아가면서 초래될 문제들을 발굴하고 그에 대한 논의가 필요하다. 예를 들면, 의족을 착용한 사람이 비장애인 스포츠 경기에 참여하는 문제, 여성 트랜스젠더가 여성 경기에 참여하는 것의 문제, 의족을 착용한 사람의 비행기 탑승 문제, 생리를 선택사항으로 여기는 여성들과 생리를 생물학적 현상으로 간주하는 여성들 사이의 문제 등과 같이 기술을 자신의 몸에 활용하는 정도에 따른 다양한 몸을 지닌 사람들이 함께 살아가면서 발생할 여러 사회윤리적 문제들을 논의할 필요가 있다.

2) 인간 향상과 젠더 논의: 재생산 논의의 연장선

자궁에 대한 논문들을 검색해 보면 의학 분야에서 이천 편 이상의 논문이 존재하고, 인문학과 사회학에서는 문학에서 자궁의 의미나 임신중절과 관련한 논의, 대리모 그리고 오늘날에는 특히 인공 자궁에 대해 활발하게 논의되고 있다. 피임과 같은 기술은 여성의 삶에 큰 변화를 가져왔다. 하지만 피임을 제외하고 여성과 관련된 기술의 논의는 대부분 재생산 영역에서 재생산을 강요하는 방향으로 이루어진다. 다수의 여성들이 생리통으로 고통받고 있으며 생리 기간 중 삶에서 많은 제약을 겪는다. 어떤 여성들은 생리를 선택 가능한 것으로 주장하기도 한다. 생리를 자연적인 생물학적 현상으로 수용하는 여성들이 현재는 다수이지만 앞으로는 생리를 의료적인 개입을 통해 선택 가능한 사안으로 생각하는 여성들이 더 많아질 수도 있다. 더 나아가, 아이를 출산할 계획이 없는 여성들 가운데에는 자발적인 자궁적출을 주장할 수도 있다. 오늘날 여성과 의료 기술과 관련하여 논의할 수 있는 실질적이고 당면한 문제에 대해서는 함구한 채, 재생산의 맥락에서 그 실효성이 요원한 인공자궁에 대한 논의만이 무성하다. 여성과 관련된 의료 기술에 대한 논의가 더욱 다양화될 필요가 있다.

3) SF에 기반한 포스트휴먼 논의

포스트휴먼과 인간 향상 기술은 불가분의 관계에 있다. 다양한 인간 향상 기술 가운데에 인공자궁이나 냉동인간 같은 경우는 그 실효성이 현재의 관점에서 볼 때 상당히 요원해보인다. 그럼에도 불구하고, 거대 기업 경영자들의 한 마디에 미디어와 학계는 술렁거린다. 물론 기술 문제에 있어서 윤리는 미래에 발생할 문제들을 논의하는 것이 필요하다. 하지만 거대 기술업계에서 선전하는 막연하고 화려한 미래기술에 대한 윤리연구 자체가 연구자 자신도 인식 못하는 사이 '윤리 세탁'에 활용되고 있을 수도 있다. 새로운 기술로 인해 발생할 문제들을 발굴하고 논의하는 것도 중요하지만, 지나친 미래기술에 대한 다양한 윤리연구 자체가 그러한 기술이 활개치도록 무대의 장을 마련해주고 있을 수도 있다. 그리고, 윤리의 의미를 상품의 상용화를 위한 통과의례의 하나로 협애화할 수도 있다. 또한 이러한 사회적 분위기 속에서 시민들은 기술에 대해 지나치게 낙관하게 되고, 기술활용에 대한 결정권을 행사하는데 더 큰 어려움을 겪을 수 있다. 철학에서 논하는 사고실험과 달리 근거 없는 기술 발달을 믿고, 먼 미래의 사안들을 문학의 도움을 받아서 논하고 있다. 기술 관련해서는 과학에게 자리를 내주고, 포스트휴먼에 대한 논의는 문학에게 자리를 내주고, 포스트휴먼을 논하는 사회에서 철학의 역할은 무엇인지에 대한 논의가 필요하다. 성형수술이 우리의 삶에서 과거에서처럼 논란의 대상이 되지 않고 포스트휴먼과 관련하여 사이보그에 대한 담론이 넘쳐 난다. 하지만, 다수의 노인들은 보청기 사용조차 주저한다. 공상과학소설에 기반한 철학적 논의는 실제 우리 삶에서 나타나는 시급한 문제들을 간과하게 한다.

참고문헌·집필진 소개·찾아보기

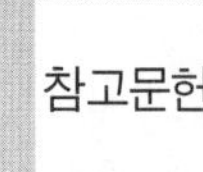

참고문헌

한국 의철학의 건강 개념 연구 동향 / 김현수

강신익(2004),「한국인의 몸을 통해 본 동 · 서의학」,『의사학』 13(2), 315-334쪽.

강신익(2006),「질병 · 건강 · 치유의 역사와 철학」,『의철학연구』 1, 17-39쪽.

강신익(2016),「코나투스 건강학 : 스피노자 윤리학과 생물의학의 통접(統接)」,『의철학연구』 22, 31-72쪽.

강신익(2020),「건강과 참살이의 계보 : 개념에서 경험과 실천으로」,『의철학연구』 29, 3-32쪽.

권상옥(2006),「한국에서 의철학하기」,『의철학연구』 2, 1-17쪽.

권상옥(2008a),「의료 인문학의 성격과 전망」,『의철학연구』 5, 3-18쪽.

권상옥(2008b),「의철학 연구의 최근 경향」,『의철학연구』 6, 3-18쪽.

김준혁(2020),「능력으로서의 건강 개념과 그 의료정의론적 적용」,『의철학연구』 30, 135-147쪽.

김성민 · 김성우(2015),「니체와 위대한 건강의 윤리학」,『의철학연구』 19, 3-30쪽.

김지민(2017),「깡귀엠의『의학론』」,『의철학연구』 23, 83-96쪽.

김현수(2016),「莊子의 '道通爲一'에 근거한 트랜스퍼스널 마음치유 프로그램 개발의 가능성-홀리스틱 세계관에 기반한 ILP, MBSR과의 비교를 중심으로」,『道敎文化研究』 44, 65-89쪽.

김현수(2020),「고통받는 환자의 온전성 위협과 연민의 덕」,『의철학연구』 30, 135-147쪽.

반덕진(2013),「그리스 고전에 나타난 전염병의 원인에 관한 인식」,『의철학연구』 16, 145-163쪽.

반덕진 · 신은희(2009),「「고대 의학에 관하여」에 나타난 서양의학의 기원과 원리」,『의철학연구』 7, 25-41쪽.

송대현(2009),「엠페도클레스의 호흡론」,『의철학연구』 7, 3-24쪽.

여인석(2006),「역사, 철학 그리고 의학-프랑스의 의철학 전통」,『의철학연구』 1, 61-81쪽.

여인석(2008),「인간, 건강 그리고 환경」,『의철학연구』 6, 81-100쪽.

여인석(2010),「의학의 이데올로기와 합리성-조르주 깡귀엠의 과학적 이데올로기론을 중심으로」,『의철학연구』 9, 93-110쪽.

오재근 · 김용진(2008),「'건강(health)'에 대한 한의학적 고찰-『황제내경』을 중심으로」,

『의철학연구』 5, 19-51쪽.
전정은(2018), 「깡귀옘의 규범성과 개체성-도스또옙스끼 작중인물에 관한 바흐찐의 고찰을 중심으로」, 『의철학연구』 26, 3-24쪽.
최종덕(2017), 「『문화와 건강』 『의철학 입문』 『의료해석학과 생명현상학』」, 『의철학연구』 23, 53-81쪽.
한희진(2012), 「조르주 캉귈렘의 의철학에서 '정상성(normalité)' 개념」, 『의철학연구』 14, 115-150쪽.
한희진 · 국순희(2015), 「캉귈렘의 의철학에 근거한 고혈압에 대한 철학적 반성」, 『의철학연구』 20, 3-33쪽.
황수영(2013), 「캉길렘의 생명철학에서 개체성과 내재적 규범의 문제」, 『의철학연구』 15, 3-37쪽.

Bircher J.(2005) "Towards a dynamic definition of health and disease", *Medicine, Health Care and Philosophy* 8, springer, pp.335-341.
Engel, G. L.(1977), "The need for a new medical model: a challenge for biomedicine", *Science* 196, pp.129-136.
Hooker C.(2008), "The medical humanities - a brief introduction", *Australian Family Physician* 37(5), pp.369-370.
Huber, M., Knottnerus, J. A., Green, L., et al.(2011), "How should we define health?", *BMJ: British Medical Journal* 343:d4163, pp.1-3.
Nordenfelt, L.(1995), *On The Nature of Health: An Action-Theoretic Approach*, 2nd ed, Dordrecht, NL: Springer Science+Business Media.
Chirico F.(2016), "Spiritual well-being in the 21st century: it's time to review the current WHO's health definition?", *Journal of Health and Social Sciences* 1(1), pp.11-16.
Constitution of the World Health Organization, accessed at 2021년 5월 20일, accessed from: https://www.who.int/about/who-we-are/constitution

국내 생명의료윤리 연구의 양적 분석—1998~2021 / 김준혁

구영모 · 권복규, · 김옥주 · 황상익(1999), 「의료윤리 문제에 관한 우리 나라 의사들의 의식 조사」, 『한국의료윤리학회지』, 2(1), 43-62쪽.
김만재 · 전방욱(2016), 「"황우석" 관련 논문의 언어 네트워크 분석」, 『생명윤리』, 17(2), 51-70쪽.
김옥주 · 박윤형 · 현병기(2017), 「한국 의사윤리지침 및 강령의 연혁과 개정내용」, *J*

Korean Med Assoc. 60(1), 8-17쪽.
김환욱(1993), 「유전적 변이체의 (GMO)의 환경적용과 안전성」, 『생명공학동향』, 1, 34-39쪽
대법원 2004.6.24. 선고2002도995 판결.
대한의사협회(2011), 『대한의사협회 100년사』, 대한의사협회.
맹광호(1990), 「의대에서의 윤리교육의 필요성」, 『한국의학교육』, 2(2), 7-10쪽.
박주섭 · 김나랑 · 한은정(2018), 「키워드 네트워크 분석을 활용한 과학기술동향 분석」, 『한국산업정보학회논문지』, 23(2), 63-73쪽.
이고은 · 박성호 · 이효진 · 박수빈 · 김상희(2021), 「국내 간호대학생을 대상으로 한 간호윤리 연구의 통합적 문헌고찰(2011-2020)」, 『한국의료윤리학회지』, 24(1), 59-80쪽.
이수상(2014), 「언어 네트워크 분석 방법을 활용한 학술논문의 내용분석」, 『정보관리학회지』, 31(4), 49-68쪽.
이영희(2007), 「황우석 사태는 얼마나 한국적인가? : 황우석 사태의 보편성과 특수성 읽기」, 『과학기술학연구』, 7(2), 23-46쪽.
이윤정 · 이형숙(2013), 「심폐소생술 금지 결정에 대한 통합적 문헌고찰」, 『생명윤리』, 14(2), 41-52쪽.
진교훈(2017), 「한국 생명윤리의 과거와 현재 그리고 미래」, 『생명, 윤리와 정책』, 1(1), 3-29쪽.
편집부(2000), 「생명복제에 관한 1999년 생명윤리 선언」, 『생명윤리』, 1(1), 138쪽.
한국가톨릭의사협회(1984), 『의학윤리』, 수문당.
황경식(2012), 『덕윤리의 현대적 의의』, 아카넷.
황상익(2017), 「한국 생명윤리의 과거와 현재」, 『생명, 윤리와 정책』, 1(1), 31-55쪽.

Blei DM(2012), Probabilistic topic models, *Commun ACM*, 55(4), pp.77-84.
Blondel VD, Guillaume J-L, Lambiotte R, et al.(2008), "Fast unfolding of communities in large networks," *J Stat Mech*, P10008.
Bollacker KD, Lawrence S, Giles CL. CiteSeer(1998), an autonomous Web agent for automatic retrieval and identification of interesting publications. Katia KP, Wooldridge M. eds. *AGENTS '98: Proceedings of the Second International Conference on Autonomous Agents*. MN, USA: ACM Press, pp.16-123.
Else H.(2020), "How a torrent of COVID science changed research publishing-in seven charts," *Nature*, p.553.
Jin P, Hakkarinen M.(2017), "Highlights in bioethics through 40 years: a quantitative analysis of top-cited journal articles," *J Med Ethics*, 43, pp.339-345.

Zafarni, Abbasi MA, Liu H.(2014), *Social Media Mining: An Introduction*, NY, USA: Cambridge University Press.

가톨릭생명윤리연구소, 인격주의 생명윤리. 〈http://bioethics.catholic.ac.kr/subList/20000001159〉
생명윤리정책연구, About the Journal. 〈http://www.eible-journal.org/index.php/APHLE/about〉
재단법인 국가생명윤리정책원, 학술지소개. 〈https://konibp.jams.or.kr/co/com/EgovMenu.kci?s_url=/sj/series/sereIntro/sjRetrieveNewSereList.kci&s_MenuId=MENU-000000000021000&accnId=〉
한국생명윤리학회, 학술지소개. 〈https://koreabioethics.jams.or.kr/co/com/EgovMenu.kci?s_url=/sj/series/sereIntro/sjRetrieveNewSereList.kci&s_MenuId=MENU-000000000021000&accnId=〉
한국의료윤리학회, 학술지소개. 〈https://medicalethics.jams.or.kr/co/com/EgovMenu.kci?s_url=/sj/series/sereIntro/sjRetrieveNewSereList.kci&s_MenuId=MENU-000000000021000&accnId=〉

일본 의철학과 의료윤리 연구 동향 / 이은영 · 김세희

과학기술정보통신부 · 한국과학기술기획평가원(2021), 『정밀의료 기술의 미래』, 동진문화사.
권복규(2018), 「동아시아 생명의료윤리학 약사: 중국, 타이완, 일본, 한국의 경험」, 『생명윤리』, 19(2), 1-14쪽.
김보배(2015), 「일본 〈재생의료안전법〉이 한국 생명윤리 관련 규제에 주는 시사점」, 『생명윤리정책연구』, 9(1), 185-203쪽.
마루야마 마사미(2016), 「일본에 있어서의 의료 윤리문제와 사생관」, 『일본학』, 25, 동국대학교 일본학연구소, 181-187쪽.
미야가와 타쿠야 · 김옥주(2008), 「일본의 연구윤리: 연구지침 위반에 대한 기관의 최근 대응 사례를 중심으로」, 『생명윤리』, 9(2), 35-47쪽.
양천수(2020), 「연명의료중단을 통한 생명의 처분 가능성-일본의 논의를 예로 하여」, 『인권법평론』, 24, 133-165쪽.
오모다카 히사유키(澤瀉久敬)/신정식 역(1991a), 『의학의 철학』 I, 범양사.
오모다카 히사유키(澤瀉久敬)/신정식 역(1991b), 『의학의 철학』 II, 범양사.
오호철 · 김한이(2019), 「4차 산업혁명시대의 생명윤리 관련 법제도의 고찰」, 『법률실무

연구』, 7(4), 105-129쪽.
이부영(1995),「의학개론 교육의 목표와 내용-의학개론 관계 문헌을 중심으로」,『의사학』, 4(1), 11-20쪽.
정연철(2008),「장기이식에 관한 헌법적 고찰-일본과 독일을 중심으로」,『공법학연구』, 9(2), 183-208쪽.
张长安(2003),「日本医学哲学伦理学会简介」,『中国医学伦理学』, 16(1), 49쪽.
ハイネマン トーマス/松田純 역(2015),「ヒト胚の道徳的地位を定める規範的規準としての発生学上の全能性」,『医学哲学・医学倫理』, 33, 74-81쪽.
ファン・デルデン J.J.M./小沼有理子 역(2015),「オランダにおける医師と終末期」,『医学哲学・医学倫理』, 33, 82-86쪽.
加藤太喜子(2013),「中絶胎児の利用同意を求める際の情報提供のあり方に関する考察」,『医学哲学・医学倫理』, 31, 33-41쪽.
高木裕貴(2020),「道徳的エンハンスメントの道徳的問題: ピアソン&サバレスキュの立論に即して」,『医学哲学・医学倫理』, 38, 20-30쪽.
高岩真秀美・板井孝壱郎(2020),「臨床倫理と医療安全管理の関係性についての研究」,『人間と医療』 10, 26-41쪽.
古田真弥子・宮脇美保子(2020),「患者・家族の個別ニーズに応答する看護師のケアを支えるもの」,『医学哲学・医学倫理』, 38, 31-40쪽.
橋爪幸代(2019),「高齢期の生活を支える制度と課題」,『医学哲学・医学倫理』 37, 90-94쪽.
菊永淳・宮坂道夫(2017),「がん告知における看護師の困難感」,『医学哲学・医学倫理』, 35, 34-41쪽.
宮島光志(2019),「高齢者の社会参加と地域社会の幸福度: フレイル予防の倫理学的考察」,『医学哲学・医学倫理』, 37, 34-41쪽.
宮坂道夫(2013),「臨床倫理の方法論の再検討:理論的基盤と臨床実践とを統合する新しい医療倫理学の方法論についての研究」,『医学哲学・医学倫理』 31, 51-54쪽.
宮脇美保子(2020),「看護基礎教育における看護と哲学」,『医学哲学・医学倫理』, 38, 88-92쪽.
根津八紘(2014),「生殖障害者と扶助生殖医療－現代生殖医療に関する倫理的観点からの一考察」,『人間と医療』, 4, 74-86쪽.
南貴子(2014),「配偶子ドナーの匿名性のもとに生まれた子の出自を知る権利の遡及的保障をめぐる課題」,『医学哲学・医学倫理』, 32, 22-32쪽.
大橋妙子・板井孝壱郎・米澤ゆうこ(2018),「リハビリテーション領域における臨床倫理に関する意識調査」,『人間と医療』, 8, 14-22쪽.
大橋範子(2011),「遺伝学的情報とプライバシーをめぐって: 被検者のプライバシー権

血縁者等の知る権利」,『医学哲学・医学倫理』, 29, 4-14쪽.
大村哲夫(2011),「‘生活のなかの死’と在宅緩和ケア: 心理臨床の現場から」,『医学哲学・医学倫理』, 29, 83-84쪽.
島薗洋介(2014),「‘商品’としての腎臓」,『医学哲学・医学倫理』, 32, 83-89쪽.
藤美恵(2015),「スウェーデンにおける「良い死」とその文化的・宗教的背景: ホスピス・緩和ケアに焦点をあてて」,『医学哲学・医学倫理』, 33, 89-90쪽.
藤井可(2013),「‘治療化’についての一考察－iPS細胞を利用した再生医療を通じて」,『人間と医療』, 3, 40-49쪽.
藤井可(2016),「先端医療は我々に何をもたらすのか-生殖補助医療と予防接種を例に」,『人間と医療』, 6, 14-23쪽.
瀬戸山晃一(2013),「遺伝子情報のプライバシーと差別をめぐる倫理的法的社会的問題(ELSI)の検討」,『医学哲学・医学倫理』, 31, 46-50쪽.
瀬戸山晃一(2019),「研究倫理教育の現状と課題: 効果的な研究倫理教育の方法論とその評価尺度の検討」,『医学哲学・医学倫理』, 37, 101-104쪽.
柳井圭子(2016),「フォレンジック看護実践における倫理的判断の枠組み: 4つの範囲」,『人間と医療』, 6, 24-31쪽.
木村敏(2017),「‘こと’としての生と死」,『医学哲学・医学倫理』, 35, 42-48쪽.
門林通子(2016),「がん闘病記の社会学」,『医学哲学・医学倫理』, 34, 59-63쪽.
伴信太郎(2020),「医学教育から倫理学・哲学教育に期待すること」,『医学哲学・医学倫理』, 38, 93-98쪽.
福島智子(2015),「イタリアにおける看取りの現状とその文化的・宗教的背景」,『医学哲学・医学倫理』, 33, 88-89쪽.
服部健司(2020),「医療系教育機関において哲学教育の居場所はどこか」,『医学哲学・医学倫理』, 38, 76-81쪽.
服部俊子・樫本直樹・大北全俊・堀江剛(2019),「病院における臨床倫理の取り組みを問い直す視点: ある市民病院の委員会活動から」,『人間と医療』 9, 13-24쪽.
本家淳子・板井孝壱(2019),「臨床倫理コンサルテーションに伴う困難さの探索的検討」,『人間と医療』, 9, 25-35쪽.
峯村優一(2016),「リーン・ラダー・ベイカーの構成説における人間の概念分析」,『医学哲学・医学倫理』, 34, 22-31쪽.
山田康介(2019),「医療現場の視点からみた地域高齢者とともに生きる社会: 特にプライマリ・ケアの視点で」,『医学哲学・医学倫理』, 37, 81-85쪽.
杉岡良彦(2005),「澤瀉久敬の医学概論と現代医学」,『医学哲学・医学倫理』,23,115-124쪽.
杉岡良彦(2017),「医学哲学と臨床医学: 森田療法・内観療法・ロゴセラピーと‘講義の

医学哲学'」,『医学哲学・医学倫理』, 35, 14-23쪽.
杉岡良彦(2020),「医学哲学の意義と今後の医学教育の在り方についての一試論」,『医学哲学・医学倫理』, 38, 82-87쪽.
森口眞衣(2018),「日本における「伝統医学」概念の齟齬をめぐる一考察」,『人間と医療』, 8, 3-13쪽.
森禎徳(2015),「障害新生児に対する治療差し控えの倫理的正当性」,『医学哲学・医学倫理』, 33, 10-20쪽.
生田孝(2017),「実体としての'生と死', 観念としての'生と死'」,『医学哲学・医学倫理』, 35, 51-56쪽.
西村ユミ(2016),「患者への応答性としての看護実践」,『医学哲学・医学倫理』, 34, 69-74쪽.
西村高宏(2012),「震災は哲学を試す?: 被災地での「哲学的実践」の試み」,『医学哲学・医学倫理』 30, 81-85쪽.
石田安実(2013),「'穏やかなパターナリズム'とは可能か: インフォームド・コンセントにおける'会話モデル'に代わるもの」,『医療と倫理』, 9, 11-17쪽.
石田安実(2016),「'尊厳'は役に立たないか: 多元的社会のための'尊厳'概念」,『医学哲学・医学倫理』, 34, 32-42쪽.
石田安実(2017),「多元的な「尊厳」概念の模索」,『医学哲学・医学倫理』, 35, 1-13쪽.
石田安実(2019),「'自律'の新たな「弱い実質的説明」:「正常さ」概念の検討を通して」,『医学哲学・医学倫理』, 37, 1-13쪽.
船木祝・小山千加代(2019),「シンポジウムのまとめ(シンポジウム 地域高齢者とともに生きる社会:身体と心を支え合うために)」,『医学哲学・医学倫理』, 37, 78-30쪽.
細井順(2016),「'人間同士の出会いから生まれる「いのち」は生死を貫いて」,『医学哲学・医学倫理』, 34, 64-68쪽.
小西達也(2017),「終末期スピリチュアルケアの三つの〈あいだ〉」,『医学哲学・医学倫理』, 35, 65-70쪽.
小出泰士(2014),「プロフェッショナリズムと生命倫理ー物事の善し悪しについて自分で考えるということ(代理出産を例に)」,『人間と医療』, 4, 56-63쪽.
松永正訓(2018),「重い障害を生きる子を通じて医の倫理を考える」,『医学哲学・医学倫理』, 36, 71-76쪽.
松井富美男(2004),「日本における生命倫理の現在」, 中國 福建省師範大學(강연원고), 1-6쪽.
水野俊誠(2015),「死の法的基準としての脳死」,『医学哲学・医学倫理』, 33, 21-29쪽.
勝山美貴子(2014),「看護職のチーム医療における協働と自律性」,『医学哲学・医学倫理』, 32, 33-42쪽.

新山喜嗣(2015),「死後の非在と生誕前の非在を較べることは可能か: 時間と世界の形而上学からの検討」,『医学哲学・医学倫理』, 33, 30-40쪽.
児玉正幸(2012),「インドの商業的代理出産の現状と担当医ナイナ・パテルの倫理的判断—インド生殖医療(代理出産)倫理の調査研究」,『人間と医療』, 2, 3-11쪽.
児玉正幸(2013),「タイの代理出産の現状とタイの商業的代理出産を支える上座部仏教の生殖医療観-タイ生殖医療(代理出産)倫理の調査研究」,『人間と医療』, 3, 13-21쪽.
児玉正幸(2014),「本邦の先端生殖医療と倫理－新型着床前診断並びに根津医師の減胎手術の臨床適用に関する倫理的考察」,『人間と医療』, 4, 21-27쪽.
児玉正幸(2015),「インドとタイの生殖医療(代理出産)規制の現状」,『人間と医療』, 5, 1-3쪽.
児玉正幸(2016),「インドの生殖医療(代理出産)規制(指針と法令)の現状」,『人間と医療』, 6, 61-69쪽.
児玉正幸(2018),「日本産婦人科学会による'遺伝問題のないカップルの性別選択を目的とした着床前遺伝子診断臨床適用禁止'考」,『人間と医療』, 8. 23-30쪽.
岸見一郎(2017),「生の直下にある死」,『医学哲学・医学倫理』, 35, 61-64쪽.
安藤泰至(2011),「Death in Life:「死すべき人間」をめぐる一考察」,『医学哲学・医学倫理』 29, 85-86쪽.
安藤泰至・清水哲郎(2018),「ケアの問題としての'尊厳死': 尊厳あるいのちをいかに支えるか: シンポジウムのまとめ」,『医学哲学・医学倫理』, 36, 77-79쪽.
安松聖高(2015),「矛盾的相即と精神療法」,『人間と医療』, 5, 27-37쪽.
岩倉孝明(2016),「病いの当事者性と患者の心」,『医学哲学・医学倫理』, 34, 49-56쪽
野家啓一(2013),「iPS 細胞と生命倫理」,『学術の動向』, 18(2), 1-3쪽.
永嶋哲也(2011),「尊厳の変容 ―卓越 価値そして自尊へ」,『人間と医療』, 1, 40-49쪽.
永田まなみ(2012),「看護の専門性への一考察: 立岩真也の批判をてがかりに」,『人間と医療』, 2, 43-51쪽.
永田まなみ(2016),「患者の意思決定と看護師の役割: 看護領域における合意形成論の検討」,『医療と倫理』, 10, 72-80쪽.
屋良朝彦(2019),「多声性と祝祭性: 精神障碍者と地域の対話に関する哲学的考察」,『医学哲学・医学倫理』, 37, 34-44쪽.
友田幸一・藤田みさお(2019),「医療倫理: iPS細胞研究の倫理」,『日本耳鼻咽喉科学会会報』, 122(4), 474쪽.
遠矢和希(2011),「iPS細胞由来の生殖細胞作成とARTへの利用における倫理的問題」,『生命倫理』, 21(1), 69-87쪽.
有馬斉(2011),「安楽死・尊厳死が実施される際の手続きについて倫理的に意味のある区別は立てられるか(ワークショップの概要)」,『医学哲学・医学倫理』, 29, 73-76쪽.

日本医学哲学・倫理学会(2015),「医療従事者の養成課程の中で行われる医療倫理教育の内容についての提言-医療従事者の養成課程の中で医療倫理教育を担当される方へ」,『医学哲学・医学倫理』, 33, 97-104쪽.
日本医学哲学・倫理学会(2016),『第35回プログラム・予稿集』.
日比野由利(2014),「生殖技術のグローバル化と日本」,『医学哲学・医学倫理』, 32, 90-95쪽.
日下部修(2015),「ある重症心身障害児の人間学的考察: その生活の事象を通して」,『人間と医療』, 5, 20-26쪽.
財吉拉胡(2014),「近代内モンゴルにおける伝統医学の史的変容」,『医学哲学・医学倫理』 32, 43-52쪽.
田代志門(2015),「欧州における'良い死'の多元性とその文化的・宗教的背景(国内大会ワークショップの概要)」,『医学哲学・医学倫理』, 33, 87쪽.
田美代子(2012),「被災地支援で感じ, 今, 考えること: 看護師としての立場からの報告」,『医学哲学・医学倫理』, 30, 76-80쪽.
前田義郎(2013),「生命倫理における人格論の論理構造:M.トゥーリーの批判的検討と人格論の新たな可能性」,『医療と倫理』, 9, 37-50쪽.
前田義郎(2014),「インフォームド・コンセントの意味するもの」,『医学哲学・医学倫理』, 32, 1-10쪽.
田村京子(2019),「小児腎移植における倫理的要件と医療者の責務」,『医学哲学・医学倫理』, 37, 14-23쪽.
足立大樹(2018),「在宅医療と'尊厳ある死'」,『医学哲学・医学倫理』, 36, 90-95쪽.
佐藤伸彦(2013),「高齢者終末期医療の実践」,『医学哲学・医学倫理』, 31, 81-85쪽.
佐藤岳詩(2009),「功利主義的観点から見た認知的エンハンスメント」,『医学哲学・医学倫理』, 27, 23-32쪽.
佐藤岳詩(2012),「性格のエンハンスメントの倫理的問題点について」,『医学哲学・医学倫理』, 30, 20-29쪽.
佐藤靜(2020),「新潟水俣病事件における妊娠規制の問題: 優生思想とフェミニスト倫理学の観点からの検討」,『医学哲学・医学倫理』, 38, 11-19쪽.
舟木祝(2013),「苦痛緩和処置についての倫理的考察: 緩和医療, 消極的安楽死から積極的安楽死に至るまで」,『医療と倫理』, 9, 28-36쪽.
竹内慶至・浅見洋(2013),「生老病死/ライフコース: 臨床において人生苦をいかに受け止めるか—〈シンポジウムのまとめ〉」,『医学哲学・医学倫理』, 31, 15쪽.
竹内一浩(2014),「着床前遺伝子診断」,『人間と医療』, 4, 64-73쪽.
竹之内裕文・大谷いづみ(2011), 生活のなかの死:地域社会での看取りを考える(シンポジウムのまとめ)」,『医学哲学・医学倫理』, 29, 77-78쪽.
竹村牧男(2013),「人生の苦を見つめて-仏教の立場から」,『医学哲学・医学倫理』, 31, 63-

71쪽.
中岡成文・山本洋一(2020),「'医療における哲学対話'の意義と比較」,『医学哲学・医学倫理』, 38, 99-101쪽.
中野桂子(2013),「自我と脳ー高次脳機能障害者の手記を手がかりに」,『人間と医療』 3, 3-12쪽
中野桂子(2015),「脳性麻痺のある子どもの受容: 母親の人間学的考察」,『人間と医療』, 5, 12-19쪽.
中野桂子(2016),「医療倫理の人間学的考察」,『人間と医療』, 6, 3-13쪽.
中野桂子(2017),「介護の基底としての想像力ー高次脳機能障害者の手記を通して」,『人間と医療』, 7, 14-25쪽.
中野桂子(2019),「言葉との出会い: 自閉症のある子どもの現象学的考察」,『人間と医療』, 9, 36-48쪽.
中野桂子(2020),「感覚の疎外: 自閉症の子どもの現象学的考察」,『人間と医療』, 10, 42-54쪽.
中井祐一郎・比名朋子(2019),「出生前診断と選択的人工妊娠中絶を行う医療者による相模原障碍者殺傷事件に対する応答可能性の検討」,『医学哲学・医学倫理』, 37, 70-77쪽.
中井祐一郎・比名朋子(2020),「産科医療技術の低下とその社会的受容の原因の分析: 骨盤位(さかご)経腟分娩について, 妊娠女性に対する抑圧の視点を含めて」,『医学哲学・医学倫理』, 38, 48-56쪽.
池辺寧(2013),「痛みの意味と医療」,『医療と倫理』, 9, 3-10쪽.
池辺寧・藤野昭宏(2020),「医療倫理教育と哲学教育: シンポジウムのまとめ」,『医学哲学・医学倫理』, 38, 73-75쪽.
眞次浩司(2011),「自閉症者における'共感'の現象学的考察: ある自閉症者の手記をとおして」,『人間と医療』, 1, 14-21쪽.
眞次浩司(2012),「自閉症者の教育人間学: '他者との関わり'に焦点をあてて」,『人間と医療』 2, 12-24쪽.
眞次浩司(2013),「未来の人間学的考察ーV.E.フランクル『夜と霧』を通して」,『人間と医療』, 3, 31-39쪽.
眞次浩司(2014),「自閉症者の人間学的研究: 操作的診断に焦点をあてて」,『人間と医療』, 4, 35-43쪽.
浅見洋(2013),「生老病死/ライフコースー: 臨床において人生苦をいかに受け止めるかーシンポジウム趣旨」,『医学哲学・医学倫理』, 31, 74-76쪽.
浅見洋(2015),「ドイツにおけるホスピス・緩和ケアの現状とその文化的・宗教的背景」,『医学哲学・医学倫理』, 33, 87-88쪽.

川口有美子(2018),「尊い生から尊い死へ: 1995年から現在までの介護実践を通じて」,『医学哲学・医学倫理』, 36, 96-100쪽.
川端美季(2019),「近代日本の「国民性」言説における身体観と道徳観: 国民道徳論と国定修身教科書から」,『医学哲学・医学倫理』, 37, 53-60쪽.
浅井篤(2013),「高齢期のちょうどいい医療」,『人間と医療』, 3, 22-30쪽.
泉澤真紀(2014),「ケア/ケアリングからみた看護教育の視座ーネル・ノディングスのケアリング教育論から」,『人間と医療』, 4, 3-10쪽.
清水健信(2020),「木村敏のビオス・ゾーエー概念について: アガンベンとの比較から」,『医学哲学・医学倫理』, 38, 41-47쪽.
清水光恵(2017),「自閉スペクトラム症当事者(との共同)研究をめぐって」,『医学哲学・医学倫理』, 35, 71-74쪽
村岡潔(2018),「ケアにおける'SOL倫理とQOL倫理' 再考: 医学で人間の生命の価値がはかれるのか?」,『医学哲学・医学倫理』, 36, 80-84쪽
村松聡(2011),「包括同意を巡って: Informed Consentの拡張とその問題」,『医学哲学・医学倫理』 29, 44-52쪽
村松聡(2013),「脳神経倫理学とメンタルな存在の問題: 責任, 自由意志などをめぐって」,『医療と倫理』, 9, 51-61쪽.
塚原久美(2013),「妊娠中絶の何が問題か」,『医学哲学・医学倫理』, 31, 59-62쪽.
秋山正子(2019),「自分の考えを表出できる地域高齢者を育てるために: 医療的知識を持った友人のように傾聴するとは」,『医学哲学・医学倫理』, 37, 86-89쪽.
秋葉峻介(2019),「終末期の意思決定における自己決定権アプローチはいかに補完されてきたか?」,『医学哲学・医学倫理』, 37, 45-52쪽.
秋葉峻介(2020),「インフォームド・コンセントにおける家族の位置と機能: 患者-家族-医療者の三者関係に着目して」,『医学哲学・医学倫理』, 38, 1-10쪽.
板井孝壱郎(2015),「実効性のある臨床倫理コンサルテーションの体制構築を目指してートップ・ダウン ボトム・アップ そして「第 3 のモデル」,『人間と医療』, 5, 38-48쪽.
平野亙(2018),「医療における苦情解決に関する考察: '患者の権利オンブズマン'の18年から」,『医学哲学・医学倫理』, 36, 63-70쪽.
坪井雅史(2013),「書評 エンハンスメントは「社会」をどう変えるのか: マイケル・J・サンデル著, 林芳紀・伊吹友秀(翻訳) 完全な人間を目指さなくてもよい理由: 遺伝子操作とエンハンスメントの倫理」,『医療と倫理』, 9, 81-85쪽.
鶴島暁(2011),「ヒト胚の道徳的地位を巡って: 論争の背後にあるもの」,『医学哲学・医学倫理』, 29, 26-34쪽.
香川知晶(2018),「終末期医療のイメージ: 歴史的観点から」,『医学哲学・医学倫理』, 36, 85-89쪽.

丸橋裕(2012),「'医学的人間学'の根本概念: V. v. ヴァイツゼカーにおける医学倫理の生成をめぐって」,『医学哲学・医学倫理』, 30, 40-51쪽.
丸橋裕(2017),「誕生と死の'あいだ'を生きる人間」,『医学哲学・医学倫理』, 35, 49-50쪽.
丸橋裕(2020),「V・v・ヴァイツゼカーの医学的人間学を人間学的な医療の実践に活かすために」,『医学哲学・医学倫理』, 38, 102-105쪽.
会田薫子(2019),「超高齢社会の医療選択に関わる意思決定支援」,『人間と医療』, 9, 49-62쪽.
虫明茂(2009),「ニューロエンハンスメントの倫理問題(ワークショップの概要)」,『医学哲学・医学倫理』, 27, 94-98쪽.

Akabayashi, A.(2020), *Bioethics Across the Globe: Rebirthing Bioethics*, Springer.
Arakawa, Michio(2016), "Moral Reflections on How to Improve End-of-Life Decisions Facing Patients and Care-Givers in Japan: Confusions and Dilemmas of Dying with Dignity", *Journal of Philosophy and Ethics in Health Care and Medicine*, 10, pp.41-52.
Bauer, Tobias(2015), "A Discussion of the Baby Hatch from the Viewpoint of a Child's Right to a Knowledge of his/her Parentage: Perspectives from the German Debate", *Journal of Philosophy and Ethics in Health Care and Medicine*, 9, pp.31-43.
Delden, Johannes JM van(2015), "Physicians and the End of Life in the Netherlands", *Journal of Philosophy and Ethics in Health Care and Medicine*, 9, pp.11-18.
Fujimori, H., Yano, Y., Hauashi, Y.(2013), "The deconstruction of medicine: Metamorphosis of Chinese traditional medicine in Japan and the birth of morphologic pathology in the Edo period, which led to contemporary Japanese manual therapeutics", *Journal of Philosophy and Ethics in Health Care and Medicine*, 7, pp.59-80.
Heinemann, Thomas(2015), "Developmental Totipotency as a Normative Criterion for Defining the Moral Status of the Human Embryo", *Journal of Philosophy and Ethics in Health Care and Medicine*, 9, pp.19-30.
Ishida, Yasushi(2012), On the Possibility of Explanatory Pluralism in Neuroethics, *Journal of Philosophy and Ethics in Health Care and Medicine*, 6, pp.62-78.
Itai, Koichiro(2014), "Current Status and Challenges of Clinical Ethics Committees and Clinical Ethics Consultation in Japan", *Journal of Philosophy and Ethics in Health Care and Medicine*, 8, pp.4-26.
Kato, Yutaka(2016), "Ethical, Legal and Social Implications(ELSI) of the Emerging Use of Communication Robots in Care Settings", *Journal of Philosophy and Ethics in Health Care and Medicine*, 10, pp.3-12.

Kodama, Masayuki(2016), "The Present State of Regulations Concerning Surrogacy in Thailand", *Journal of Philosophy and Ethics in Health Care and Medicine*, 10, pp.64-68.

Mazzoleni, Emil(2016), "Is Brain Death the End of Life?: On the Right to Freely Choose the Legal Criterion for Declaring the End of Life", *Journal of Philosophy and Ethics in Health Care and Medicine*, 10, pp.33-40.

Minemura, Yuichi(2013), "A Study of Contemporary Brain Death Controversies: The Boundary between Neurological Facts and Metaphysical Foundations", *Journal of Philosophy and Ethics in Health Care and Medicine*, 7, pp.38-58.

Miyasaka, M., Sasaki, S., Tanaka, M., Kimunaga, J.(2012), Use of Brain-Machine Interfaces as Prosthetic Devices: An Ethical Analysis, *Journal of Philosophy and Ethics in Health Care and Medicine*, 6, pp.29-38.

Mori, Yoshinori(2016), "Withholding/Withdrawing Treatment to Neonates Born with Impairment: Best Interest, Medical Futility, and Distributive Justice", *Journal of Philosophy and Ethics in Health Care and Medicine*, 10, 2016, pp.23-32.

Morishita, Naoki(2014), "Reconsidering 'Health' from the perspective of 'system': Health ad desire and way of life for people of advanced age", *Journal of Philosophy and Ethics in Health Care and Medicine*, 8, pp.27-42.

Mushiaki, Shigeru(2014), "Ethical Implications of Moral Enhancement", *Journal of Philosophy and Ethics in Health Care and Medicine*, 8, pp.43-60.

Olejarz, Sylwia Maria(2017), "Ethical Concerns Relating to Child Abandonment and Baby Hatches: The Case of Poland", *Journal of Philosophy and Ethics in Health Care and Medicine*, 11, pp.41-60.

Olejarz, Sylwia Maria(2018), "An Analysis of the Socio-Cultural Context of Child Abandonment and Baby Hatches in Japan and Poland", *Journal of Philosophy and Ethics in Health Care and Medicine*, 12, pp.59-70.

Olejarz, Takushi(2012), Self-Knowledge and Ethics of Suicide: A Narratological Study, *Journal of Philosophy and Ethics in Health Care and Medicine*, 6, pp.79-97.

Sandel, Michael.(2007), The case against perfection, Harvard university press/ 林芳紀・伊吹友秀 訳(2010),「完全な人間を目指さなくてもよい理由ー遺伝子操作とエンハンスメントの倫理, ナカニシヤ出版.

Yamamoto, Fumika(2014), "In Pursuit of an ethical Principle for Low-dose Radiation Exposure after 3.11", *Journal of Philosophy and Ethics in Health Care and Medicine*, 8, pp.88-111.

Yamazaki, R., Nishio, S., Ishiguro, H., Kase, H.(2018), "Use of Robotic Media as Persuasive

Technology and Its Ethical Implications in Care Settings", *Journal of Philosophy and Ethics in Health Care and Medicine*, 12, pp.45-58.

현대 프랑스 의철학 연구의 두 측면 / 조태구

조태구, 민유기(2020), 「프랑스 의료생명윤리 논의의 사회적 확산 - 코로나 19 전후 보건생명과학윤리 국가자문위원회(CCNE) 활동을 중심으로」, 『생명, 윤리와 정책』, 4(2), 61-89쪽.
황수영(2014), 『베르그손, 생성으로 생명을 사유하기』, 갈무리.

Braunstein, J.-Fr.(2007), Canguilhem. *Histoire des sciences et politique du vivant*, Paris: PUF.
______________(2014), "Bioéthique ou philosophie de la médecine?", *Revue de Métaphysique et de Morale*, 2, pp.239-256.
Canguilhem, G.(1993), "L'éthique médicale: entre pouvoir, devoir et savoir", Archives du Caphés, GC.29.5 Éthique médicale.
______________(1994), "Le statut épistémologique de la médecine", 1959, *Études d'histoire et de philosophie des sciences*, Paris: Vrin, pp.413-428.
______________(1999), *Le normal et le pathologie*, 1943, Paris: PUF/여인석 역(2018), 『정상적인 것과 병리적인 것』, 그린비.
Crignon, C.(2014), "L'Homme de Vésale dans le monde de Coperinic", *Revue de Métaphysique et de Morale*, 2, pp.167-195.
Dagognet, F.(1984), *La raison et les remèdes*, Paris: PUF.
Durrive, B.(2014), "Actualité plurielle de Canguilhem en philosophie de la médecine", *Revue de Métaphysique et de Morale*, 2, pp.257-271.
Forest, D.(2009), "De quel concept de fonction la philosophie de la médecine peut-elle avoir besoin?", *Revue Philosophie de la France et d'Étranger*, 199(1), pp.35-59.
Gaille, M.(2014), "Introduction", *Revue de Métaphysique et de Morale*, 2, pp.155-165.
Giroux, É.(2009), "Définir objectivement la santé: une évaluation du concept biostatistique de Boorse à partir de l'épidémiologie morderne", *Revue Philosophie de la France et d'Étranger*, 199(1), pp.35-59.
Giroux, É. et Lemoine, M.(2012), *Philosophie de la médecine* I, II, Paris: Vrin.
Huber, M.(2011), "How should we define health?", *BMJ : British Medical Journal*.
Lefève, C.(2014), "De la philosophie de la médecine de Georges Canguillem à la

philosophie du soin médical", *Revue de Métaphysique et de Morale*, 2, pp.197-221.
Mouillie, J.M. et al.(2011), *Médecine, santé et sciences humaines*, ed. J.M. Mouillie, Paris: Les Belles Lettres.
Neander, K.(2009), "Les explications fonctionnelles", *Revue Philosophie de la France et d'Étranger*, 199(1), pp.5-34.
Pellegrino, E. D.(1998), "What the philosophy of medicine is", *Theoretical medicine and bioethics*, 19(4), pp.315-336.
Worms, F.(2010), *Le Moment du soin. À quoi tenons-nous?*, Paris: PUF.

현대 의철학의 '현상학적 탐구' 동향 / 최우석

공병혜(2009), 「메를로퐁티의 신체의 현상학과 간호에서의 질병체험」, 『현상학과 현대철학』, 40, 57-81쪽.
박은정(2010), 「하이데거와 메를로-퐁티의 공간개념-정위와 원근의 비교를 중심으로」, 『존재론 연구』, 24, 3615-389쪽.
백영경(2020), 『다른 의료는 가능하다』, 창비.
이남인(2004), 『현상학과 해석학』, 서울대학교출판부.
______(2018), 『현상학과 질적 연구: 응용현상학의 한 지평』, 한길사.
황임경(2018), 「서사 의학의 철학적 기초로서 의학적 해석학의 가능성과 한계: 스베니우스의 논의를 중심으로」, 『의철학연구』, 26, 67-98쪽.

Aho, K.(2008), *Body Matters: A Phenomenology of Sickness, Disease, and Illness*, Lexington Books.
_______(2018), *Existential Medicine: Essays on Health and Illness*, London: Rowman & Littlefield.
Cassell, E. *The Nature of Suffering and the Goals of Medicine*/강신익 역(2002), 『고통받는 환자와 인간에게서 멀어진 의사를 위하여』, 들녘.
Carel, H., H.(2006), *Life and death in Freud and Heidegger*, Rodopi.
___________(2011), "Phenomenology and its application in medicine", *Theoretical Medicine and Bioethics*, 32(1), pp.33-46.
___________(2012),"Phenomenology as a resource for patients", *The Journal of Medicine and Philosophy*, 37(2), pp.96-113.
___________(2013), "Illness, Phenomenology, and philosophical method", *Theoretical medicine and Bioethics*, 34(4), pp.345-357.

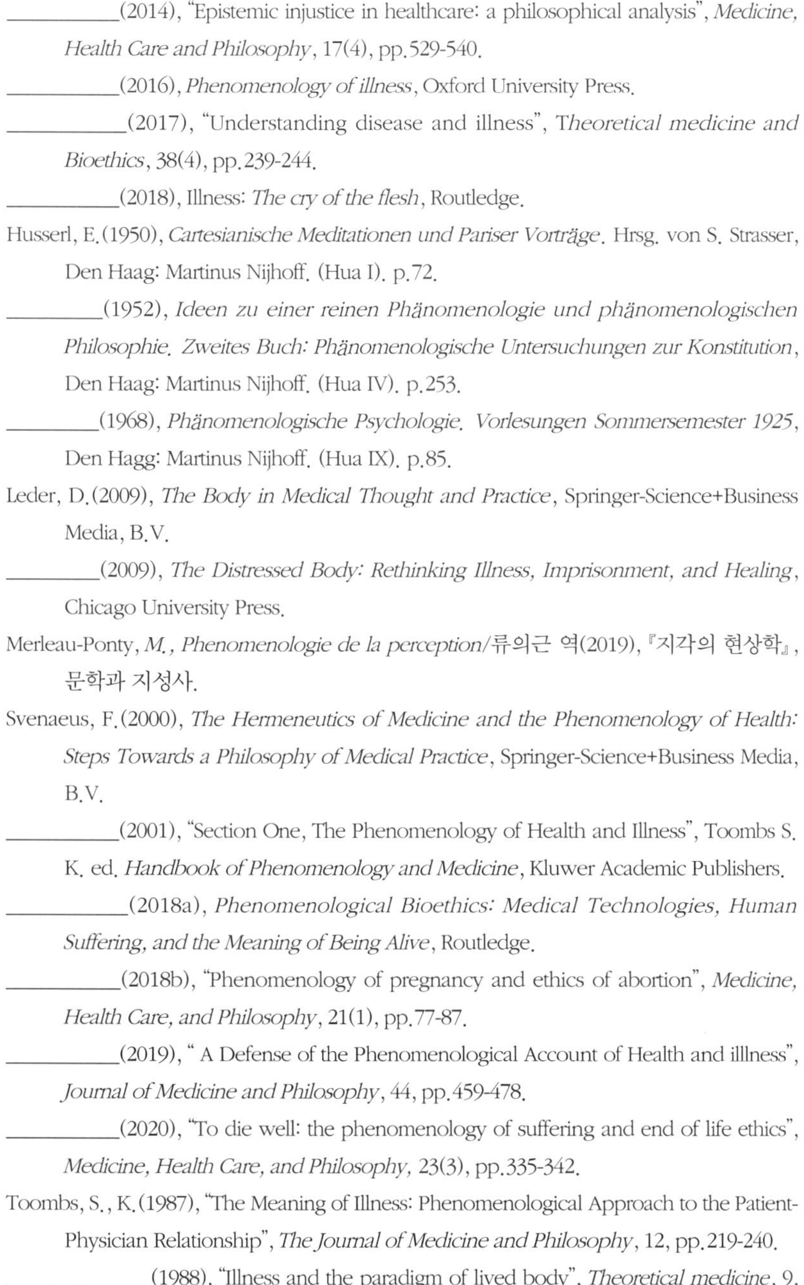
__________(2014), "Epistemic injustice in healthcare: a philosophical analysis", *Medicine, Health Care and Philosophy*, 17(4), pp.529-540.

__________(2016), *Phenomenology of illness*, Oxford University Press.

__________(2017), "Understanding disease and illness", T*heoretical medicine and Bioethics*, 38(4), pp.239-244.

__________(2018), Illness: *The cry of the flesh*, Routledge.

Husserl, E.(1950), *Cartesianische Meditationen und Pariser Vorträge*. Hrsg. von S. Strasser, Den Haag: Martinus Nijhoff. (Hua I). p.72.

_________(1952), *Ideen zu einer reinen Phänomenologie und phänomenologischen Philosophie. Zweites Buch: Phänomenologische Untersuchungen zur Konstitution*, Den Haag: Martinus Nijhoff. (Hua IV). p.253.

_________(1968), *Phänomenologische Psychologie. Vorlesungen Sommersemester 1925*, Den Hagg: Martinus Nijhoff. (Hua IX). p.85.

Leder, D.(2009), *The Body in Medical Thought and Practice*, Springer-Science+Business Media, B.V.

_________(2009), *The Distressed Body: Rethinking Illness, Imprisonment, and Healing*, Chicago University Press.

Merleau-Ponty, *M., Phenomenologie de la perception*/류의근 역(2019), 『지각의 현상학』, 문학과 지성사.

Svenaeus, F.(2000), *The Hermeneutics of Medicine and the Phenomenology of Health: Steps Towards a Philosophy of Medical Practice*, Springer-Science+Business Media, B.V.

__________(2001), "Section One, The Phenomenology of Health and Illness", Toombs S. K. ed. *Handbook of Phenomenology and Medicine*, Kluwer Academic Publishers.

___________(2018a), *Phenomenological Bioethics: Medical Technologies, Human Suffering, and the Meaning of Being Alive*, Routledge.

__________(2018b), "Phenomenology of pregnancy and ethics of abortion", *Medicine, Health Care, and Philosophy*, 21(1), pp.77-87.

__________(2019), " A Defense of the Phenomenological Account of Health and illlness", *Journal of Medicine and Philosophy*, 44, pp.459-478.

__________(2020), "To die well: the phenomenology of suffering and end of life ethics", *Medicine, Health Care, and Philosophy,* 23(3), pp.335-342.

Toombs, S., K.(1987), "The Meaning of Illness: Phenomenological Approach to the Patient-Physician Relationship", *The Journal of Medicine and Philosophy*, 12, pp.219-240.

_____________(1988), "Illness and the paradigm of lived body", *Theoretical medicine*, 9,

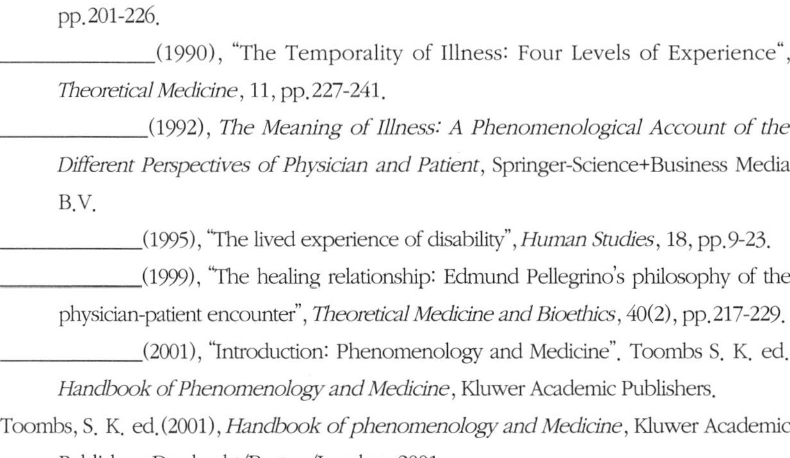
pp.201-226.

______________(1990), "The Temporality of Illness: Four Levels of Experience", *Theoretical Medicine*, 11, pp.227-241.

______________(1992), *The Meaning of Illness: A Phenomenological Account of the Different Perspectives of Physician and Patient*, Springer-Science+Business Media B.V.

______________(1995), "The lived experience of disability", *Human Studies*, 18, pp.9-23.

______________(1999), "The healing relationship: Edmund Pellegrino's philosophy of the physician-patient encounter", *Theoretical Medicine and Bioethics*, 40(2), pp.217-229.

______________(2001), "Introduction: Phenomenology and Medicine". Toombs S. K. ed. *Handbook of Phenomenology and Medicine*, Kluwer Academic Publishers.

Toombs, S. K. ed.(2001), *Handbook of phenomenology and Medicine*, Kluwer Academic Publishers Dordrecht/Boston/London, 2001.

생명의료윤리 현황과 과제—인간 향상 논의를 중심으로 / 심지원

심지원(2014), 「의료윤리에서의 향상(Enhancement)에 대한 고찰」, 『철학사상문화』, 17, 78-102쪽.

심지원(2015), 「의족을 훔치는 행위는 상해죄인가 절도죄인가: 보형물을 신체의 일부로 규정할 수 있는 기준」, 『과학철학』, 18(3), 177-195쪽.

심지원, 박삼헌(2020), 「의료화된 몸과 자기 돌봄을 통한 주체적인 몸」, 『아시아문화연구』, 52, 39-63쪽.

변순용, 임상수, 김민수, 심지원(2019), 「4차 산업혁명 시대의 인공지능로봇 기술로 인한 삶의 전도현상에 대한 인문학적 분석」, 『경제인문사회연구회 인문정책연구 총서 2019-02』.

이상헌(2017), 「포스트휴먼과 행복 - 기술적 인간 향상으로 행복해질 수 있을까?」, 『철학논집』, 51, 131-151쪽.

여인석(2019), 「병원의 의료화와 의료의 병원화」, 『의철학연구』, 27, 31-57쪽.

이지영(2018), 「부인과적 질환에서의 미레나의 치료효과」, 제104차 대한산부인과학회 학술대회, 57-58쪽. (http://210.101.116.28/W_files/kiss8/40328932_pv.pdf)

정채연(2013), 「의료화의 역사에 대한 법사회학적 반성」, 『법학논집』, 17(3), 168-216쪽.

홍은영(2014), 「푸코와 우리 시대의 건강 담론」, 『철학연구』, 50, 187-228쪽.

〈대법원, '의족도 신체의 일부, 일하던 중 파손이 생기면 업무상 재해' 판결〉, 《여성종합뉴스》 2014년 7월 14일자.(검색일 2020. 02.) http://www.womannews.net/

detail.php?number=25786

Birnbacher, Dieter(2006), Natuerlichkeit, Walter de Gruyter, Berlin/New York.

Buchanan, Allen(2011), *Better than human: the promise and perils of enhancing ourselves,* OUP USA/ 심지원 · 박창용 역(2015), 『인간보다 나은 인간』, 로도스.

Gesang, Benard(2009), *Perfektionierung des Menschen*, de Gruyter, Berlin/New York.

Harris, J.(2007), *Enhancing Evolution*, Princeton University Press, Princeton/Oxford, 2007.

Heilinger, J. C.(2010), *Anthropologie und Ethik des Enhancements*, Walter de Gruyter, Berlin/New York.

Kovács, Jozsef(1989), "Concepts of health and disease", in *The journal of Medicine and Philosophy* 14, pp.261~267.

Juengst, Eric(1998), "What does enhancement mean?", in Erik Parens (ed..), *Enhancing human traits: Ethical and Social Implications*, Georgetown University Press, Washington D.C.,

Mill, J. S.(1984), "Natur", in *Drei Essays ueber Religion*, Reclam, Stuttgart.

Savulescu, Julian(2006), "Justice, Fairness, and Enhancement", in *New York Academy of Sciences*, 1093, pp.321-338.

Schoene-Seiffert, Bettina(2007), *Grundlagen der Medizinethik*, Alfred Kroener Verlag, Stuttgart.

Siep, Ludwig(2006), "Die biotechnische Neuerfindung des Menschen", in Ach, J.S (ed), *Nobody is perfect*, Transcript, Bielefeld.

Center for Technology Assessment(2011), *Human Enhancement*, vdf Hochschulverlag AG, Zuerich.

H.T. Greely(2005), "Regulating Human Biological Enhancements: Questionable Justifications and International Complications", in *Santa Clara Journal of International Law* Volume4, Issue2, p.94.

집필진 소개
(가나다순)

김세희: 경희대학교 철학과 박사과정 수료. 원광대학교에서 문예창작학과 국어국문학을 전공하고 이후 경희대학교 철학과에서 석사학위를 받았다. HK+통합의료인문학연구단 연구보조원으로 근무했으며, 공저로 『코로나19 데카메론』 2(모시는사람들, 2021)가 있다.

김준혁: 연세대학교 치과대학 치의학교육학교실 조교수. 연세대학교 치과대학 졸, 동병원 소아치과 수련, 펜실베이니아대학교 의과대학 의료윤리 석사, 부산대학교 치의학전문대학원 의료인문학 박사. 저·역서로 『아픔은 치료했지만 흉터는 남았습니다』(종이, 2021), 『서사의학이란 무엇인가』(동아시아, 2021), 『모두를 위한 의료윤리』(휴머니스트, 2021) 등이, 논문으로 「코로나19로 인한 응급 상황에서 의료자원 분배 및 백신 접종의 우선순위 설정」, 「방역과 인권: 보편주의와 상대주의를 넘어」 등이 있다.

김현수: 경희대학교 인문학연구원 HK+통합의료인문학연구단 HK연구교수. 동국대학교 철학과 및 동 대학원 졸업. 동국대학교 철학박사. 공저로 『인성교육, 인문융합을 만나다』(연경문화사, 2019), 『코로나19 데카메론』 1(모시는사람들, 2020), 『코로나19 데카메론』 2(모시는사람들, 2021), 논문으로 「고통받는 환자의 온전성 위협과 연민의 덕」, 「상업적 대리출산의 상품화 문제에 대한 철학적 고찰」 등이 있다.

심지원: 동국대학교 철학과 조교수. 독일 뮌스터 대학 철학과 졸업. 저·역서(공저 공역)로 『포스트바디, 레고인간이 온다』(필로소픽, 2019), 『초연결의 철학』(앨피, 2021), 『인간보다 나은 인간: 인간증강의 약속과 도전』(로도스, 2015), 『생물학이 철학을 어떻게 말하는가: 자연주의를 위한 새로운 태도』(철학과 현

실사, 2020) 등 다수, 논문으로 「의족을 훔치는 행위는 상해죄인가 절도죄인가: 보형물을 신체의 일부로 규정할 수 있는 기준」 등이 있다.

이은영: 경희대학교 인문학연구원 HK+통합의료인문학연구단 HK연구교수. 경희대학교 철학과 및 동 대학원 졸업. 경희대학교 철학박사. 저·역서로 『각성, 꿈 그리고 존재』(씨아이알, 2017), 『마인드풀니스』(민족사, 2018), 『코로나19 데카메론』 1(모시는사람들, 2020), 『코로나19 데카메론』 2(모시는사람들, 2021), 논문으로 「국내 불교와 의학 관련 연구의 성과와 전망」, 「불교의학의 질병관」 등이 있다.

조태구: 경희대학교 인문학연구원 HK+통합의료인문학연구단 HK연구교수. 파리-낭테르대학(파리10대학) 철학박사. 저서로 『의철학 연구-동서양의 질병관과 그 경계』(공저), 논문으로 「미셸 앙리의 구체적 주체성과 몸의 현상학」, 「데카르트, 후설 그리고 앙리-미셸 앙리의 데카르트 '코기토'에 대한 해석과 질료 현상학」, 「반이데올로기적 이데올로기-의철학의 가능성 논쟁 :부어스와 엥겔하르트를 중심으로」, 「코로나19와 혐오의 시대 -'올드 노멀(old normal)'을 꿈꾸며-」 등이 있다.

최우석: 경희대학교 인문학연구원 HK+통합의료인문학연구단 HK연구교수. 서강대학교 학, 석사, 경희대학교 철학박사. 저·역서로 『코로나19 데카메론』 1(모시는사람들, 2020), 『코로나19 데카메론』 2(모시는사람들, 2021), 『어떤 죽음』(모시는사람들, 2021), 『후설의 윤리학과 상호주관성』(모시는사람들, 2021), 논문으로 「의료인의 의무윤리와 덕윤리의 상보적 이해」, 「의료인의 태도와 현상학」 등이 있다.

찾아보기

[ㅈ]

[기타]

경희대학교 인문학연구원 / HK+통합의료인문학연구단 / 통합의료인문학 학술총서05

의철학과 의료윤리 연구의 현황과 과제

등록 1994.7.1 제1-1071
1쇄 발행 2022년 1월 25일

기 획 경희대학교 인문학연구원 HK+통합의료인문학연구단
지은이 김세희 김준혁 김현수 심지원 이은영 조태구 최우석
펴낸이 박길수
편집장 소경희
편 집 조영준
관 리 위현정
디자인 이주향
펴낸곳 도서출판 모시는사람들
03147 서울시 종로구 삼일대로 457(경운동 수운회관) 1207호
전 화 02-735-7173, 02-737-7173 / 팩스 02-730-7173

인 쇄 (주)성광인쇄(031-942-4814)
배 본 문화유통북스(031-937-6100)
홈페이지 http://www.mosinsaram.com/

값은 뒤표지에 있습니다.
ISBN 979-11-6629-090-9 94000
세트 979-11-6629-001-5 94000

이 저서는 2019년 대한민국 교육부와 한국연구재단의 지원을 받아 수행된 연구임(NRF-2019S1A6A3A04058286).